"आइए, हम ऐसे भारत का निर्माण करें जो एकता के सूत्र में बँधे हुए; जाति, धर्म और क्षेत्रीयता की दीवारों से परे हो; गरीबी, सामाजिक एवं आर्थिक विषमता के बंधनों से उन्मुक्त हो।"

– राजीव गांधी

राष्ट्रीय जीवन माला

राजीव रत्न गांधी

मीना अग्रवाल

डायमंड बुक्स

प्रकाशक : डायमंड पॉकेट बुक्स (प्रा.) लि.
X-30 ओखला इंडस्ट्रियल एरिया, फेज-II
नई दिल्ली-110020
फोन : 011-40712200
ई-मेल : sales@dpb.in
वेबसाइट : www.diamondbook.in

मुद्रक :

Rajiv Ratan Gandhi

By : Meena Agarwal

अपनी बात

स्वतंत्र भारत के पहले प्रधानमंत्री पंडित जवाहरलाल नेहरू—श्री राजीव गांधी के नाना थे। बालक राजीव के जन्म के समय वे जेल में थे। उन्होंने इंदिरा जी को लिख भेजा कि बालक का नाम उसकी नानी के नाम पर रखा जाए। तब विचार-विमर्श कर नाम रखा गया–राजीव रत्न गांधी। राजीव का अर्थ होता है कमल और रत्न का अर्थ जवाहर! इस प्रकार नानी कमला और नाना जवाहर का धेवता राजीव रत्न गांधी कहलाया। लेकिन लोगों ने उन्हें राजीव गांधी नाम से ही सम्बोधित किया। जब पंडित नेहरू का स्वास्थ्य दिन पर दिन गिरता जा रहा था तो उस समय समाचार पत्रों में निरंतर यह चर्चा चलती रहती थी कि 'नेहरू के बाद कौन?'

हालांकि इंदिरा गांधी के बाद की स्थिति वैसी नहीं थी। 'इंदिरा गांधी के बाद कौन?' इस प्रकार का प्रश्न कभी उत्पन्न नहीं हुआ। साधारणतया यह समझा जाने लगा था कि इंदिरा गांधी के बाद राजीव रत्न गांधी ही भारत के प्रधानमंत्री के पद को सुशोभित करेंगे। किंतु इंदिरा गांधी की निर्मम हत्या के बाद जो प्रश्न उठा वह था—'इंदिरा के बाद क्या?' भारत के भविष्य की आशा की किरण कहाँ दिखाई देती थी? भारत में विनाश, विघटन और हत्या का एक प्रकार से ताण्डव-सा दिखाई देने लगा था। अतः 'इंदिरा के बाद क्या' जो सवाल उठा, उसका अभिप्राय यही था कि वह रास्ता कहाँ है, जो हमें इस सबसे उबार कर शांति और प्रगति के मार्ग पर ले जाए।

भारत को जो सबसे अधिक खतरा था, वह था—साम्प्रदायिकता, धार्मिक पृथकतावाद, जातिवाद आदि से। भारत का स्वतंत्रता आंदोलन और स्वतंत्रता प्राप्ति के लिए स्वतंत्र राज्य की नीति सदा धर्मनिरपेक्षता की रही है, किंतु यह मानना पड़ेगा कि इसके बावजूद नागरिकों के जीवन में धर्मनिरपेक्षता का वह रूप स्थान नहीं ले पाया जिसकी कि सरकार को अपेक्षा रही थी। यही कारण था कि इस क्षेत्र में सदा तनाव बना रहा। भिण्डरावाले आदि जो भी अलगाववादी तत्व थे, वे सब इसकी ही उपज थे।

भारतीय राजनीति में एक और जो कमी थी, बहुत बड़ी कमी—लोकतंत्र में सत्ता पक्ष और विपक्ष। इस प्रकार दो दल अथवा दो विचारधारा के लोग होते हैं। मतदाता अथवा नागरिक भी इन दोनों में बँटे होते हैं। किंतु उस समय भारत में यह स्थिति नहीं थी। यद्यपि यहाँ सत्ता पक्ष के नाम से भारतीय राष्ट्रीय काँग्रेस थी। पिछले सैंतीस वर्ष से, केवल 30 मास का

मध्यकाल छोड़कर, वही शासन कर रही थी। किंतु वह भी एक विचारधारा के व्यक्तियों का दल नहीं था। उसमें भी न केवल दक्षिण और वामपंथी सम्मिलित थे अपितु अन्य भी अनेक प्रकार और विचारों के व्यक्ति सम्मिलित थे। यही बात विपक्ष की थी। विपक्ष में कई मतों के अनेक दल थे और उन दलों की आंतरिक स्थिति भी राष्ट्रीय काँग्रेस की भाँति ही थी।

राजनीतिक भ्रष्टाचार भारत की जड़ों को खोखला कर रहा था। काँग्रेस के भीतर तो यह बहुत अधिक मात्रा में विद्यमान था। इस सबकी जड़ में हमारी नैतिकता थी। नए भारत के निर्माता के लिए यह चुनौती भरा समय था। नैतिकता को उभारकर भ्रष्टाचार को समाप्त करके ही परिणाम की आशा की जा सकती थी।

राजीव गांधी भले ही नेहरू खानदान से सीधे संबंधित न रहे हों, किंतु नेहरू परिवार से उनका घनिष्ठ संबंध था और नेहरू परिवार राज्य संचालन के मामले में नौसिखिया नहीं रह गया था। पंडित मोतीलाल नेहरू ने राज्य संचालन भले ही न किया हो, किंतु वे राज्य प्राप्ति के लिए संघर्ष करते रहे थे। इसी प्रकार राज्य संचालन की प्रक्रिया को वे भली-भाँति जानते थे। वे भारत के प्रसिद्ध बार-एट-ला थे। उनके बाद पंडित नेहरू भी उन्हीं की भाँति संघर्षरत रहे और अंत में राज्य की बागडोर सँभालने का दायित्व उन पर आया, जिसे उन्होंने बड़ी सुदंरता से निबाहने का यत्न किया। उनके बाद राजीव गांधी की माता श्रीमती इंदिरा गांधी को राज्य का दायित्व सँभालना पड़ा। इस प्रकार राजीव गांधी को परम्परा से राज्य संचालन प्रक्रिया प्राप्त हुई थी, वे नौसिखिया जैसे नहीं थे।

राजीव अपनी सौम्यता, सादगी, संतोष और सच्चरित्रता के लिए प्रसिद्ध थे। आधुनिकता और पाश्चात्य परम्परा से ओतप्रोत वातावरण में अपने जीवन के अधिकांश वर्ष व्यतीत करने पर भी आधुनिकता के दुर्गुण उनको स्पर्श नहीं कर पाए, यह उनके चरित्र की महानता ही थी और इस महानता का पालन वे विभिन्न पदों पर रहते हुए भी करते थे, इसमें कोई भी संदेह नहीं है।

राजीव नए भारत के निर्माता के रूप में देखे जाते थे। भारतवासियों को उनसे बहुत आशाएँ थीं। इसमें कोई संदेह नहीं है कि राजीव गांधी के नेतृत्व में हमारे देश, हमारी स्वतंत्रता, हमारे लोकतंत्र, हमारी परंपराओं ने दिन-ब-दिन प्रगति की। यह पुस्तक उन्हीं के महान जीवन दर्शन पर आधारित है। इसके माध्यम से पाठक और अधिक निकट से राजीव गांधी के जीवन-वृत्त के दर्शन कर सकते हैं।

—लेखक

विषय-सूची

1

जीवन की प्रमुख घटनाएँ

20 अगस्त, 1944	: मुम्बई में राजीव गांधी का जन्म।
1945	: इंदिरा गांधी अपने पति के साथ रहने के लिए आनंद भवन, इलाहाबाद आईं।
14 दिसम्बर, 1946	: छोटे भाई संजय गांधी का जन्म।
15 अगस्त, 1947	: देश आज़ाद हुआ और नाना पं. जवाहरलाल नेहरू देश के प्रधानमंत्री बने।
29 जनवरी, 1948	: नन्हे राजीव बापूजी से मिले।
1954	: राजीव ने दून स्कूल में प्रवेश किया।
1956	: छोटे भाई संजय ने भी उसी स्कूल में प्रवेश किया।
1965	: कैम्ब्रिज में सोनिया माइनो से प्रथम भेंट।
जनवरी, 1966	: माँ इंदिरा गांधी ने प्रधानमंत्री पद का कार्यभार सँभाला; तब राजीव कैम्ब्रिज में ही शिक्षा प्राप्त कर रहे थे।
25 फरवरी, 1968	: राजीव और सोनिया का विवाह। यह विवाह भारत में ही सम्पन्न हुआ।
1970	: राजीव गांधी ने विधिवत् विमान चालन का प्रशिक्षण प्राप्त किया।
19 जून, 1970	: राजीव गांधी के पुत्र राहुल का जन्म।
दिसम्बर, 1971	: पुत्री प्रियंका का जन्म।

23 जून, 1980	: छोटे भाई संजय गांधी का विमान दुर्घटना में निधन। अपार शोक में डूबी माँ को राजीव ने सहारा दिया।
16 फरवरी, 1981	: राजीव गांधी ने दिल्ली में विशाल किसान रैली आयोजित किया।
30 अप्रैल, 1981	: भारतीय युवक काँग्रेस ने सर्वसम्मति से प्रस्ताव पारित कर राजीव गांधी से चुनाव लड़ने का आग्रह किया।
11 मई, 1981	: काँग्रेस महासचिव वसंत दादा पाटिल ने अमेठी से चुनाव लड़ने के लिए राजीव गांधी के नाम की घोषणा की। इसी दिन राजीव गांधी विधिवत् काँग्रेस के सदस्य बने और अमेठी से पर्चा भी भरा।
16 जून, 1981	: राजीव गांधी भारी बहुमत से संसद सदस्य चुने गए।
24 जून, 1981	: काँग्रेस कार्य समिति ने उन्हें विशेष आमंत्रित के रूप में शामिल किया।
28 जून, 1981	: चीन के विदेश मंत्री से चीन आने का निमंत्रण मिला।
29 जुलाई, 1981	: इंग्लैंड के युवराज चार्ल्स के विवाह समारोह में शामिल हुए।
17 अगस्त, 1981	: राजीव गांधी ने संसद सदस्य के रूप में शपथ ग्रहण की।
1982	: एशियाई खेलों के आयोजन में उल्लेखनीय भूमिका अदा की।
1983	: पार्टी के महासचिव चुने गए।
31 अक्टूबर, 1984	: माँ इंदिरा गांधी की हत्या के बाद राजीव को प्रधानमंत्री पद की शपथ दिलाई गई।
नवम्बर, 1984	: आम चुनाव की घोषणा की गई। राजीव ने अमेठी से चुनाव लड़ने का इरादा व्यक्त किया।
29 दिसम्बर, 1984	: राजीव गांधी अमेठी से 3.14 लाख मतों के अंतर से विजयी।
31 दिसम्बर, 1984	: राजीव गांधी द्वारा 40 सदस्यीय मंत्रिपरिषद् का गठन।

27 दिसम्बर, 1985	: काँग्रेस के शताब्दी सम्मेलन में राजीव गांधी का ऐतिहासिक भाषण।
1987	: श्रीलंका में भारतीय शांति सेना भेजी गई।
1988	: बोफोर्स सौदे में नाम उछलने से प्रतिष्ठा को आघात।
1989	: काँग्रेस ने संसद में बहुमत खोया; राजीव ने प्रधानमंत्री पद से त्यागपत्र दिया।
21 मई, 1991	: श्री पेरम्बुदूर में राजीव गांधी की हत्या।
1998	: राजीव गांधी के हत्यारों को सज़ा।
2004	: दिल्ली हाई कोर्ट द्वारा स्व. श्री राजीव गांधी, बोफोर्स रिश्वत कांड से बरी।

2

बचपन

राजीव गांधी का जन्म 20 अगस्त 1944 को मुम्बई में हुआ था। उस समय पंडित जवाहरलाल नेहरू अहमदाबाद के कारागार में थे। उन्हें तुरंत ही राजीव के जन्म की सूचना दी गई। जब राजीव अपनी माँ के गर्भ में थे तभी पं. जवाहरलाल नेहरू ने इंदिरा गांधी से कहा था कि जब शिशु जन्म ले तो उसके जन्म के ठीक समय को नोट कर लिया जाए जिससे कि ठीक जन्मपत्री बनवाई जा सके। यही किया गया। राजीव का नामकरण उनकी नानी के नाम पर किया गया। यद्यपि कमला का अर्थ लक्ष्मी होता है और राजीव का कमल। तथापि उस समय जो सोचा गया वह ऐसा ही था कि राजीव का नाम उनकी नानी कमला के नाम पर रखा गया है।

इंदिरा गांधी अपने बच्चे के लिए जो कर सकती थीं, वे करती रहीं। वे जानती थीं कि बच्चे को सबसे अधिक माँ का ही प्यार और लालन.पालन चाहिए। माता ही उसकी प्रारम्भिक शिक्षक होती है। राजीव के जन्म के कुछ समय बाद इंदिरा जी बम्बई से प्रयाग आ गईं। वहाँ आने के कुछ समय बाद इंदिरा जी को विदित हुआ कि उनके पिता को नैनी जेल में लाया जा रहा है। वे पुलिस की कार से जाने वाले थे। इंदिरा जी अपने पिता को अपने पुत्र से मिलवाना चाहती थीं। अत: वे उसको लेकर उस मार्ग पर खड़ी हो गईं, जिधर से जवाहरलाल नेहरू कार द्वारा लाए जाने वाले थे। इंदिरा जी को बहुत प्रतीक्षा करनी पड़ी। आखिरकार वह कार आती दिखाई दी। इंदिरा जी ने बच्चे को अपने हाथों में लेकर आगे कर दिया जिससे कि नेहरू जी उसको देख सकें। जब कार धीरे से उनके सामने से निकल गई तो इंदिरा जी को लगा कि नेहरू जी ने बच्चे को देख लिया है। वे उस ओर ही बैठे थे और बाहर की ओर देख रहे थे जिस ओर इंदिरा जी खड़ी थीं।

कुछ समय बाद 1945 में जवाहरलाल नेहरू को छोड़ दिया गया और इंदिरा जी अपने पति फिरोज गांधी और अपने पुत्र के साथ आनंद भवन में रहने के लिए आ गईं। उसी वर्ष जाड़ों में फिरोज गांधी को 'नेशनल हैराल्ड' समाचार पत्र, जो कि पं. जवाहरलाल नेहरू का अपना पत्र था, के संचालन के लिए लखनऊ जाना पड़ा। कुछ दिनों बाद इंदिरा जी भी राजीव को लेकर लखनऊ चली गईं। 14 दिसम्बर, 1946 को राजीव के छोटे भाई संजय गांधी का जन्म हुआ। उस समय तक वे दिल्ली में रहने लगी थीं।

15 अगस्त 1947 को भारत स्वतंत्र हुआ और पंडित जवाहरलाल नेहरू देश के प्रथम प्रधानमंत्री नियुक्त हुए। उस समय पिता को पुत्री की आवश्यकता अनुभव हुई। वे अपने पिता की देखरेख करने लगीं। उन दिनों गांधी जी भी दिल्ली में ही रह रहे थे। इंदिरा जी उनसे मिलने जाया करती थीं और कभी-कभी राजीव को भी अपने साथ ले जाया करती थीं। राजीव, गांधी जी के साथ उसी प्रकार खेला करते थे जिस प्रकार किसी जमाने में साबरमती में 4 वर्षीय उनकी माँ इंदिरा खेला करती थीं। एक दिन की बात है, राजीव कुछ फूल तोड़ लाए और उन्हें गांधी जी के चरणों में रख दिया। गांधी जी हँस पड़े और बोले—"राजीव! क्या तुम नहीं जानते कि जो व्यक्ति जीवित होता है, उसके चरणों में फूल नहीं चढ़ाए जाते?"

यह बात 29 जनवरी 1948 की थी। अगले ही दिन 30 जनवरी, 1948 को गांधी जी की हत्या कर दी गई।

तीन मूर्ति भवन, जहाँ इंदिरा जी अपने पिता और बच्चों के साथ रहती थीं, बहुत बड़ा था। राजीव और संजय ने इसका लाभ उठाया। उन्हें तीन मूर्ति भवन का बहुत बड़ा उद्यान और मैदान बहुत पसंद था। वे पेड़ों पर चढ़ते, फूल तोड़ते, खेलते, पशु-पक्षियों से खेलते। इतना ही नहीं उन्होंने वहाँ एक छोटा–सा चिड़ियाघर भी बना लिया था, जिसमें भाँति-भाँति के पशु-पक्षी, लाकर पाले जाते थे। उनमें पांडा, कुत्ते, शेर के बच्चे, तोता, मैना, कबूतर आदि थे। संजय ने तो एक छोटा.सा मगरमच्छ भी पाल लिया था। वह मगरमच्छ सबको काट लेता था। एक दिन तो उसने इंदिरा जी को ही काट लिया था। इंदिरा जी समेत सभी उससे डरते थे। इंदिरा गांधी चाहती थीं कि उसको वहाँ से मुक्त कर दिया जाए।

कुछ बड़े होने पर राजीव और संजय को शिव निकेतन में भर्ती करवा

दिया गया। शिव निकेतन का संचालन एक महिला करती थीं, जो जन्म से तो जर्मन थीं किंतु उनका विवाह भारतीय पुरुष से हुआ था। शिव निकेतन में राजीव सीधे ऊषा भगत नाम की एक अध्यापिका के हवाले थे। जिस समय इंदिरा जी अपने बच्चों को उस स्कूल में भरती कराने ले गईं, उस समय ऊषा भगत कक्षा में व्यस्त थीं। इंदिरा गांधी को प्रतीक्षा करनी पड़ी, किंतु वे धैर्य से प्रतीक्षा करती रहीं। जब कुमारी भगत ने यह सुना तो उनको बड़ा आश्चर्य हुआ। वे समझती थीं प्रधानमंत्री की पुत्री के नाते उनमें गर्व होगा, किंतु उन्होंने उन्हें इसके सर्वथा विपरीत शांत, सौम्य और उदार महिला पाया। बाद में कुमारी ऊषा भगत इंदिरा गांधी की सामाजिक सचिव बन गई थीं।

राजीव के पिता फिरोज गांधी पूर्ण रूप से पिता का कर्तव्य पालन करने में रुचि रखते थे। जब वे लखनऊ में थे और इंदिरा जी अपने बच्चों के साथ प्रयाग या दिल्ली में रहीं, तो वे निरंतर प्रयाग या दिल्ली आते–जाते रहते थे। बच्चों की जब छुट्टियाँ होती थीं तो वे यह कोशिश करते थे कि अधिक-से-अधिक दिन उनके पास रहें। वे उनके साथ खेलते थे, उनको पढ़ाते थे और उनके साथ उनके कार, रेल और इंजनों के मॉडल जोड़ते रहते थे।

कुछ बड़े होने पर राजीव तथा संजय को बोर्डिंग स्कूल में भर्ती करा दिया गया। समय–समय पर उनके माता.पिता उनसे मिलने जाते रहे और छुट्टियों में वे अपने माता–पिता के पास आ जाते थे।

12 वर्ष की आयु में राजीव को टौंसिल हो गया था। उनका ऑपरेशन किया गया। राजीव उस समय बिल्कुल नहीं घबराए।

एक बार जवाहरलाल जी ने महामहिम दलाई लामा और पंचनलामा को भोज पर आमंत्रित किया। इंदिरा जी ने दोनों का स्वागत किया और आवभगत की। वे कुछ क्षणों के लिए कुछ काम के लिए उठीं और जब लौटकर आईं तो देखा कि दलाई लामा वहाँ नहीं थे। उनको बड़ा आश्चर्य हुआ, चारों ओर देखा गया। अंत में पता चला कि वे राजीव और संजय के साथ बाग में खेल रहे हैं। उस दिन दलाई लामा ने इंदिरा गांधी से कहा था—"जब से हम अपने देश से आए हैं, इतना अच्छा दिन कभी नहीं बीता।"

इस प्रकार बचपन में राजीव कुछ विशेष न करते हुए भी, ऐसा भी कुछ नहीं करते थे कि जिससे किसी को उनसे कभी कोई शिकायत का मौका मिला हो। वे बचपन से ही सौम्य प्रकृति के थे।

राजीव गांधी के 'शिव निकेतन' में प्रविष्ठ होने की बात हम पिछले पृष्ठों में कर आए हैं। वहाँ से किण्डर गार्टन के पश्चात् राजीव देहरादुन के 'बेलहाम' विद्यालय में प्रविष्ठ हुए। उन दिनों यह विद्यालय शिक्षा का उत्कृष्ट केंद्र माना जाता था। पंडित नेहरू भी यही चाहते थे कि राजीव और संजय का अध्ययन 'दून स्कूल' में ही हो। तब तक राजीव के पिता फिरोज गांधी का स्वर्गवास हो चुका था।

राजीव गांधी ने सन् 1954 में दून विद्यालय में प्रवेश किया था। उसके दो वर्ष बाद सन् 1956 में संजय को भी उसी स्कूल में अध्ययन के लिए भेज दिया गया था।

दून स्कूल में राजीव गांधी ने आई.एस.सी. की परीक्षा उत्तीर्ण की। इसके बाद उनको आगे की पढ़ाई के लिए इंग्लैंड भेजा गया। वहाँ उन्होंने कैम्ब्रिज में प्रवेश लिया।

राजीव के इंग्लैंड चले जाने से संजय वहाँ अकेले रह गए। जब उनका मन नहीं लगा तो उनको वापस दिल्ली बुला लिया गया और यहाँ उनको सेंट कोलंबस स्कूल में प्रवेश दिलाया गया। इसके कुछ वर्ष बाद वे भी लंदन चले गए थे, किंतु यह संजय की कहानी का एक अंशभर है, जिसका राजीव के जीवन से उतना संबंध नहीं है।

कैम्ब्रिज पहुँचने के बाद राजीव अब बच्चे नहीं रह गए थे। वे पूर्ण युवा अवस्था को प्राप्त कर चुके थे और अब उनकी गतिविधियाँ भी उसी प्रकार होने लगी थीं। इंग्लैंड में ही उनका परिचय इटली की सोनिया माइनो से हुआ। मित्रता बढ़ी और अंत में परिचय परिणय में बदल गया। इसका उल्लेख आगे किया गया है।

युवावस्था

जनवरी 1966 में, जिस समय श्रीमती इंदिरा गांधी ने भारत के प्रधानमंत्री का पदभार सँभाला, उस समय राजीव गांधी कैम्ब्रिज में शिक्षा ग्रहण कर रहे थे। उन दिनों संजय गांधी भी इंग्लैंड में ही थे। वे वहाँ रोल्स रॉयस कार बनाने वाली विश्वप्रसिद्ध कम्पनी में प्रशिक्षणार्थी के रूप में कार की इंजीनियरी सीख रहे थे।

लंदन से लौटने के बाद राजीव गांधी ने परंपरा के अनुरूप राजनीति में

प्रवेश नहीं किया। वे दिल्ली में आकर फ्लाइंग क्लब के सदस्य बन गए और उन्होंने विमान संचालन का प्रशिक्षण प्राप्त किया। उनका विमान संचालन का प्रशिक्षण पूर्ण हुआ। वे अच्छे विमान चालक बन गए। सन् 1970 में उन्हें 'एयर इंडिया' में विमान चालक का पद मिल गया और अपना कार्य करते हुए वे अपनी गृहस्थी तथा मित्र-मंडली में मस्त हो गए। राजनीति से उन्हें तनिक भी सरोकार नहीं था।

दिन बीतते रहे। सन् 1975 में भारत में आपातस्थिति घोषित की गई। न केवल भारत में अपितु समस्त संसार में इसकी चर्चा हुई, किंतु राजीव गांधी इससे निर्लिप्त रहे। इस कालावधि में इंदिरा गांधी के छोटे सुपुत्र संजय गांधी उनके साथ काम कर रहे थे। वे अपनी माता की यथा शक्ति सहायता करते थे और उस छोटी-सी आयु में उन्होंने राजनीति में अपना न केवल स्थान ही बना लिया था अपितु वे काँग्रेस कमेटी के महामंत्री पद तक भी पहुँच गए थे।

आपातकाल समाप्त कर श्रीमती इंदिरा गांधी ने लोकसभा के निर्वाचनों की घोषणा करवाई। मार्च 1977 में देश भर में लोकसभा निर्वाचन की धूम रही। इसमें आपातकाल से पीड़ित विपक्षी नेताओं ने जनता पार्टी नाम से एक सम्मिलित दल का गठन किया और उसके आधार पर लोकसभा निर्वाचन में खड़े हुए। उस निर्वाचन में काँग्रेस बहुमत प्राप्त नहीं कर सकी। यहाँ तक कि स्वयं श्रीमती इंदिरा गांधी भी चुनाव हार गईं।

देश में जनता पार्टी का शासन हो गया। इंदिरा गांधी का दल विपक्ष में बैठा। जनता पार्टी के शासनकाल में इंदिरा-परिवार पर अनेक अभियोग लगाए गए। इससे राजीव गांधी दु:खी हो गए। उनके परिवार के एक निकटस्थ सदस्य का कहना था कि उस समय राजीव ने परिवार सहित भारत से बाहर चले जाने का परामर्श दिया था। किंतु संजय गांधी ने इसे स्वीकार नहीं किया और उसका परिणाम यह हुआ कि संजय गांधी राजनीति में सक्रिय रहे। उनके प्रयत्नों से जनता पार्टी में विघटन हुआ। मोरारजी भाई अल्पमत में रह गए तथा संजय गांधी और श्रीमती इंदिरा गांधी के प्रयत्न और सहायता से चौधरी चरण सिंह भारत के प्रधानमंत्री बने। किंतु उनकी स्थिति भी सुदृढ़ नहीं थी। उनको भय था कि यदि वे संसद में गए तो उन पर अविश्वास व्यक्त कर उनको पदच्युत कर दिया जाएगा। इसलिए उन्होंने संसद का अधिवेशन बुलाए बिना राष्ट्रपति को सुझाव दिया कि संसद भंग कर दी जाए और नए निर्वाचन करवाए जाएँ।

चौधरी चरणसिंह अगस्त 1979 में प्रधानमंत्री बने थे और जनवरी 1980 के प्रथम सप्ताह में मध्यावधि चुनाव हुए। इन चुनावों में विघटित जनता पार्टी केवल नाममात्र की पार्टी रह गई और काँग्रेस पुनः सत्ता में आ गई। संजय गांधी और उनके बहुत से साथी, मित्र आदि इस निर्वाचन में विजयी होकर संसद में पहुँच गए।

इंदिरा जी पुनः प्रधानमंत्री बन गईं।

संजय उनके दाएँ हाथ थे।

काल की गति किसी और दिशा में चल रही थी।

श्रीमती इंदिरा गांधी को पुनः प्रधानमंत्री बने और संजय गांधी को संसद सदस्य बने छः मास भी नहीं हुए थे कि श्रीमती गांधी के परिवार पर एक महान् वज्रपात हुआ। 23 जून, 1980 को प्रातःकाल का सूर्य आकाश पर चढ़ा ही था कि इस परिवार में अंधकार छा गया। एक विमान दुर्घटना में संजय गांधी काल के गाल में समा गए।

भाई से बिछोह

23 जून, 1980 को दस बजे आकाशवाणी की विज्ञापन प्रसारण सेवा का कार्यक्रम बीच में ही रोककर यह समाचार दिया गया—"हम बड़े खेद के साथ खबर दे रहे हैं कि आज सबेरे एक विमान दुर्घटना में संसद सदस्य श्री संजय गांधी की मृत्यु हो गई है।"

जिसने भी यह समाचार सुना, उसे विश्वास नहीं हुआ।

इस आघात को सहन कर पाना न इंदिरा गांधी के लिए सरल था और न राजीव गांधी के लिए ही। श्रीमती गांधी के लिए संजय केवल पुत्र ही नहीं थे, वे उनके सहायक थे, सहयोगी थे, दुःख-सुख के सहभागी थे। वे उनके दाएँ हाथ के स्थान पर थे। 33 वर्ष की आयु में वे काँग्रेस (इ) के महासचिव भी बन गए थे।

23 जून, 1980 को प्रातः 7 बजकर 58 मिनट पर संजय गांधी ने अपने मित्र सुभाष सक्सेना के साथ पिट्स विमान पर उड़ान भरी और देखते-देखते अशोक होटल के पीछे, विश्व युवक केंद्र के निकट विमान सहित नाले में जा गिरे। श्रीमती इंदिरा गांधी को इसकी सूचना 8 बजकर 20 मिनट पर मिली थी।

श्रीमती इंदिरा गांधी तुरंत घटनास्थल पर गईं। उनके पहुँचने से पूर्व ही वहाँ दमकलें तथा अन्यान्य सहायक दल पहुँच चुके थे। दोनों चालकों को सिर से पैर तक गम्भीर चोटें आई थीं। दोनों के शरीर क्षत-विक्षत हो गए थे, पहचानना भी कठिन था। विमान के एक भाग को काटकर दोनों के शव बाहर निकाले गए। डॉ. राममनोहर लोहिया अस्पताल ले जाकर उनकी जाँच की गई। डॉक्टरों ने उनको मृत घोषित किया और फिर किसी प्रकार उनके शत-विक्षत शरीरों को डॉक्टरों ने जोड़कर सिला और इस प्रकार उनको पहचानने लायक बनाया गया।

अस्पताल से संजय गांधी का शव 1, अकबर रोड पर लाया गया। दुर्घटनास्थल, अस्पताल में और फिर उसके बाद अकबर रोड पर अपार जनसैलाब अंतिम दर्शन के लिए उमर पड़ा।

राजीव उन दिनों यूरोप की यात्रा पर थे। ज्यों ही लंदन में उनको इस दुर्घटना की सूचना मिली, वे तुरंत भारत के लिए लौट पड़े। उसी दिन आधी रात के बाद लगभग ढाई बजे उनका विमान दिल्ली पहुँचा। पालम से सीधे वे अकबर रोड पहुँचे। इंदिरा जी जाग रही थीं। पुत्र ने माता को और माता ने पुत्र को मौन सांत्वना दी। अब तक सहन करती रहीं इंदिरा जी इस समय फूट पड़ीं। किसी प्रकार स्वयं को सँभाल कर वे राजीव को लेकर संजय के शव के पास गईं। वहाँ दोनों चुपचाप बैठ गए।

अगले दिन संजय का पार्थिव शरीर अग्नि को समर्पित कर दिया गया।

धीर, गम्भीर व्यक्तित्व

राजीव गांधी ने अपने अनुज की चिता में अग्नि प्रज्वलित की। उस समय राजीव की क्या मनःस्थिति थी, इसका अनुमान लगाना सहज संभव नहीं है। इन्हीं हाथों से उन्होंने पिता फिरोज गांधी की चिता में अग्नि प्रज्वलित की थी। पं. जवाहरलाल नेहरू की चिता को मुख्य रूप से तो अग्नि प्रज्वलित करने वाले संजय थे, क्योंकि नेहरू जी की इच्छा यही थी। लेकिन अग्नि तो राजीव ने भी दी थी। अब आज वे अपने अनुज का पार्थिव शरीर अग्नि को समर्पित कर रहे थे।

अकबर रोड स्थित बँगले पर संवेदना प्रकट करने वालों का ताँता लगा हुआ था। संवेदित राजीव स्वयं अपनी माता को सांत्वना देते और संवेदना व्यक्त करने आए लोग जब फफक कर रोते तो वे उन्हें भी आश्वस्त करते।

उस समय राजीव गांधी ने यह अनुभव किया कि संजय गांधी का निधन मात्र भाई की क्षति नहीं है अपितु यह समस्त देश की क्षति है, इसलिए वे देशवासियों को आश्वस्त करना अपना प्रथम कर्तव्य समझ रहे थे।

जिसको धीर बँधाने की आवश्यकता थी, वह दूसरों को धीर बँधा रहा था।

राजनीति में प्रवेश की प्रक्रिया

बद्रीनाथ के जगद्‌गुरु शंकराचार्य स्वामी श्री स्वरूपानंद जी भी इंदिरा जी को सांत्वना देने के लिए उनके निवास पर गए। श्रीमती गांधी ने उनके चरण स्पर्श किए और सामने जाकर बैठ गईं। स्वामी जी उन्हें धीरज बँधाते रहे। श्रीमती गांधी ने राजीव और सोनिया को भी बुलवा लिया।

राजीव ने आकर स्वामी जी को प्रणाम किया और उनके सामने नीचे बिछे कालीन पर पर बैठ गए। स्वामी जी ने उनसे उठकर सामने के सोफे पर बैठने को कहा, लेकिन वे नहीं बैठे। स्वामी जी के आग्रह करने पर उठ कर कमरे के कोने में रखे स्टूल पर बैठ गए।

कुछ समय बाद स्वामी जी ने राजीव के विषय में इंदिरा जी से कहा—"अब राजीव को बहुत समय तक विमान नहीं उड़ाना चाहिए।"

श्रीमती गांधी बोलीं—"यदि यह हवाई जहाज नहीं चलाएगा तो अपने परिवार का पालन-पोषण कैसे करेगा? इसकी माँ अथवा इसके पास कुछ ऐसा अधिक धन भी नहीं है।"

यह सुनकर स्वामी जी कुछ क्षण तक मौन चिंतन करते रहे। तत्पश्चात् बोले—"जो व्यक्ति ईश्वर के लिए अर्पित होता है, उसका पालन ईश्वर स्वयं करता है और हमारे धर्मशास्त्र इस बात का उद्‌घोष करते हैं कि ईश्वर की सेवा के बाद यदि मानवता की सबसे बड़ी सेवा है तो वह मातृभूमि की सेवा है। जो व्यक्ति राष्ट्र के लिए समर्पित होता है, उसका जीवन ईश्वर स्वयं संचालित करते हैं और मेरी यह व्यक्तिगत मान्यता है कि राजीव को देश के लिए अपने को अर्पित कर देना चाहिए।"

संजय गांधी के बाद उसके रिक्त स्थान की पूर्ति के विषय में काँग्रेस पार्टी के बाहर-भीतर, चारों ओर चर्चा होने लगी थी। काँग्रेस सांसद इसके लिए यत्न कर रहे थे कि राजीव उस स्थान की पूर्ति करें। इसलिए लगभग

70 संसद सदस्यों ने परस्पर मिलकर इस संबंध में एक प्रस्ताव बनाया और उस पर अपने-अपने हस्ताक्षर कर दिए। वे लोग उस प्रस्ताव को लेकर श्रीमती इंदिरा गांधी से मिले। उस समय श्रीमती गांधी का उत्तर था—"इस बारे में राजीव स्वयं निर्णय करेंगे, मैं बोलने वाली कौन होती हूँ।"

श्रीमती गांधी ने अपने इस कथन को बार-बार दोहराया था। जब कभी भी यह प्रश्न उठा था, उनके मुख से यही उत्तर सबको सुनने को मिला था। राजीव गांधी के राजनीति में प्रवेश की अटकलों को लेकर जब उनकी आलोचना होने लगी तो श्रीमती गांधी ने कहा था कि यह राजीव के स्वयं निर्णय करने का विषय है। उन पर राजनीति लादी अथवा थोपी नहीं जाएगी।

प्रारंभ में तो राजीव इस विषय को टालते रहे। अंत में जब विवाद बढ़ता गया और उनकी माता जी को कार्य निबटाने में कठिनाई होने लगी, तब सम्भवतः राजीव गांधी को इस विषय में सोचना पड़ा और एक अवसर पर उन्होंने कहा—"यदि इससे मेरी माँ को सहायता मिलती है तो मैं राजनीति में प्रवेश करूँगा।"

राजीव गांधी के मुख से यह सुनकर काँग्रेस के भीतर यह आशा जाग्रत होने लगी थी कि राजीव गांधी 2 अक्टूबर, 1980 को, महात्मा गांधी के जन्म दिवस के शुभ अवसर पर अपने सक्रिय राजनीति में प्रविष्ट होने की घोषणा कर देंगे। किंतु राजीव गांधी 29 सितम्बर को ही बोइंग 707 विमान के विशेष पायलट प्रशिक्षण के लिए हैदराबाद पहुँच गए। इससे काँग्रेस में पुनः चारों ओर निराशा छा गई। यह निराशा उस समय आशा में बदलने लगी जब राजीव गांधी अपने अवकाश के क्षणों में अपनी माँ के सहायक के रूप में कार्य करते थे। वे प्रधानमंत्री से मिलने आने वाले विशिष्ट व्यक्तियों से स्वयं भी मिलते थे, उनसे विचार-विमर्श करते थे। इस प्रकार पार्टी-कार्यकर्ताओं का उनमें विश्वास बढ़ता जा रहा था। प्रमुख कार्यकर्ता उन्हें राजनीति में लाने के लिए दृढ़ संकल्प थे और उन्हें निश्चित विश्वास था कि दिसम्बर में होने वाले अखिल भारतीय काँग्रेस कमेटी के अधिवेशन में वे राजीव गांधी से स्वीकृति ले ही लेंगे। यह चर्चा भी आम होने लगी थी कि इस अधिवेशन में राजीव गांधी अपने राजनीति में प्रवेश की घोषणा करेंगे।

जुलाई 1980 से फरवरी 1981 तक सार्वजनिक जीवन में पूर्णतः प्रवेश न करने पर भी राजीव गांधी ने अपने विमान चालन का उत्तरदायित्व निभाते

हुए ही अपने प्रभाव का क्षेत्र विस्तार इस सीमा तक कर लिया था कि वे भारत के राजनीतिक क्षितिज की एक आवश्यकता अनुभव होने लगे थे। राजीव गांधी के व्यक्तित्व सामर्थ्य का परिचय उस समय मिला जब 16 फरवरी, 1981 को दिल्ली में किसान रैली आयोजित की गई। यह पूर्ण आयोजन श्री राजीव गांधी के कुशल संचालन में हुआ था। इसे श्रीमती गांधी ने राष्ट्र रैली कहा था। काँग्रेस सूत्रों का अनुमान था कि इस रैली में 50 लाख किसान आए थे। इस प्रसंग में यह लिखना अनुपयुक्त नहीं होगा कि उस समय दिल्ली की कुल जनसंख्या 70 लाख के लगभग थी। ये 50 लाख लोग कहाँ समाए होंगे? इस विषय में काँग्रेस वाले सोच नहीं पाए। उनका तो यह भी कहना है कि रास्ता जाम होने के कारण 10 लाख और किसान यहाँ पहुँच नहीं पाए। इस रैली के लिए 130 विशेष रेल गाड़ियाँ चलाई गई थीं, 30 हज़ार वाहनों तथा अन्य यातायात साधनों का प्रयोग किया गया था। इस रैली के अवसर पर 16 सौ लाउड स्पीकर लगाए गए थे। इस रैली की सफलता के लिए राजीव गांधी के नेतृत्व में 25 हज़ार कार्यकर्ता दिन-रात तैयारियाँ करने में व्यस्त रहे।

यह काँग्रेस पार्टी का लेखा-जोखा और अनुमान है, यह सत्य के कितने निकट है, विवाद का विषय है। अतः हम इस विषय में अधिक कुछ कहना उपयुक्त नहीं समझते।

सक्रिय राजनीति में

30 अप्रैल, 1981 को भारतीय युवा काँग्रेस की राष्ट्रीय समिति ने सर्वसम्मति से प्रस्ताव पारित करके राजीव गांधी से चुनाव लड़ने का आग्रह किया। इसी प्रकार उत्तर प्रदेश काँग्रेस (इ) की ओर से राजीव गांधी से आग्रह किया गया कि वे उनके प्रदेश से चुनाव लड़ें।

14 जून, 1981 को देश में 8 लोकसभा 23 विधानसभा के उप-चुनाव होने वाले थे। इसके लिए काँग्रेस संसदीय दल की निरन्तर बैठकें दिल्ली में हो रही थीं। 4 मई को उम्मीदवारों के नामों का अंतिम निर्णय होना था। क्योंकि 5 मई को श्रीमती इंदिरा गांधी 9 दिनों के लिए विदेश यात्रा पर जाने वाली थीं।

4 मई को प्रातःकाल संसदीय दल की बैठक होने वाली थी तभी

समाचार मिला; बिहारशरीफ में दंगा हो गया। श्रीमती गांधी चार्टर्ड विमान द्वारा वहाँ के लिए रवाना हो गईं। इस विमान के चालकों में स्वयं राजीव गांधी भी थे। वायु सेवा में यह उनकी अंतिम उड़ान सिद्ध हुई।

उस दिन रात्रि के समय श्रीमती गांधी के बिहार से वापस आने पर संसदीय दल की बैठक हुई। जब अमेठी का नाम आया तो इस स्थान के लिए सर्वप्रथम वसंत दादा पाटिल ने राजीव गांधी के नाम का प्रस्ताव रखा। वहाँ उपस्थित सभी ने एक मत से इसका समर्थन किया। बैठक समाप्त होने पर श्रीमती इंदिरा गांधी ने नरसिम्हा राव और प्रणव मुखर्जी से विचार-विमर्श करते हुए कहा—"बहरहाल अभी भी यह निर्णय राजीव पर निर्भर करता है।"

श्रीमती गांधी यूरोप की यात्रा पर चली गईं। 11 मई, 1981 को एक पत्रकार वार्ता में काँग्रेस कमेटी के तत्कालीन महासचिव वसंत दादा पाटिल ने अमेठी से राजीव गांधी के नाम की घोषणा की।

एक पत्रकार ने पूछा—"अभी तक आपने हमें इस विषय में अंदाज लगाते रहने की स्थिति में क्यों रखा?"

"आप सब वही तो अंदाज लगा रहे थे जो हम कह रहे हैं।" पाटिल ने उत्तर दिया।

इस दिन राजीव गांधी ने 1 रुपया सदस्यता फीस देकर रसीद कटवाई और काँग्रेस के सदस्य बन गए। फिर वे लखनऊ गए और वहाँ से सुल्तानपुर जाकर अमेठी क्षेत्र के लिए नामांकन पत्र भर दिया।

9 जून, 1981 को निर्वाचन हुआ और 16 जून को उसके परिणाम की घोषणा हो गई। राजीव गांधी विशाल बहुमत से विजयी घोषित किए गए। 24 जून, 1981 की काँग्रेस कार्यकारिणी समिति की बैठक में उन्हें विशेष रूप से आमंत्रित कर सम्मिलित किया गया। 28 जून, 1981 को चीन के विदेश मंत्री ने, जो उस समय भारत की यात्रा पर थे, राजीव गांधी को चीन आने का निमंत्रण दिया। राजीव गांधी ने निमंत्रण स्वीकार करते हुए कहा था—"मैं चीन जाना पसंद करूँगा।"

19 जुलाई, 1981 को इंग्लैंड के युवराज चार्ल्स ने 29 जुलाई को होने वाले अपने विवाह समारोह में सम्मिलित होने के लिए राजीव गांधी को व्यक्तिगत निमंत्रण भेजा। इसे स्वीकार करके राजीव गांधी 28 जुलाई को लंदन पहुँचे। यह उनकी पहली राजनीतिक विदेश यात्रा थी।

17 अगस्त 1981 को राजीव गांधी ने लोकसभा में सदस्य के रूप में शपथ ग्रहण की और उस दिन से उनका सांसद के रूप में जीवन आरंभ हो गया।

उत्तर प्रदेश में नेतृत्व परिवर्तन की वार्त्ता जोर पकड़ रही थी। राजीव गांधी 20 सितम्बर, 1981 को लखनऊ गए और उसका समाधान किया।

11 नवम्बर, 1981 को राजीव गांधी ने एक अवसर पर कहा था—"पारिवारिक उत्तराधिकार सामान्यत: बुरा नहीं है लेकिन मैंने वास्तव में भारत का अगला प्रधानमंत्री बनने के बारे में कभी नहीं सोचा है।"

29 दिसम्बर, 1981 को युवा कॉंग्रेस के बंगलौर अधिवेशन में उनको सर्व सम्मति से युवा कॉंग्रेस का नेता स्वीकार कर लिया गया।

मई 1982 में हिमाचल प्रदेश, हरियाणा, पश्चिम बंगाल और केरल में विधानसभा चुनावों के लिए उन्होंने अनथक प्रयास किया। स्थान-स्थान पर जाकर चुनाव सभाओं को संबोधित किया।

इस प्रकार निरंतर उनका कॉंग्रेस पार्टी को सुदृढ़ करते का कार्य चलता रहा। वे कॉंग्रेस को समर्पित हो गए।

3

प्रधानमंत्री के रूप में

31 अक्टूबर, 1984 को जब श्री राजीव गांधी को प्रधानमंत्री पद की शपथ दिलाई गई, तब उनको देख कर ऐसा लग रहा था कि जैसे किसी छठी कक्षा के छात्र को बारहवीं का पेपर हल करने के लिए दे दिया गया हो। कितनी विस्मय मिश्रित बेचैनी–सी दिख रही थी उस समय राजीव गांधी के चेहरे पर? कैसा दुर्भाग्य था राजीव गांधी का कि वे प्रधानमंत्री पद की शपथ लेकर मुस्करा कर लोगों के अभिवादन भी स्वीकार नहीं कर सके।

एक समय वह भी था जब आधी रात के समय सम्पूर्ण भारत सो रहा था और उसके भाग्य को पंडित जवाहरलाल नेहरू के हाथों में सौंपा गया। कितना खुशी का मौका था वह। उसके 37 वर्ष बाद जब भारत माता की होनहार पुत्री चिरनिद्रा में सो चुकी थी और भारत की जनता पर दुःख के पहाड़ टूट पड़े थे। तब उन्हीं पं. जवाहरलाल नेहरू के नाती (धेवता) श्री राजीव गांधी को भारत के प्रधानमंत्री के पद और गोपनीयता की शपथ दिलाई गई। जिस प्रकार सन् 1947 में यह निश्चित था कि भारत के स्वतंत्र होने पर पंडित नेहरू प्रधानमंत्री बनेंगे, उसी प्रकार यह भी निश्चित था कि राजीव गांधी भी एक-न-एक दिन भारत के प्रधानमंत्री बनेंगे। मगर यह कोई नहीं जानता था कि ऐसी परिस्थिति में उन्हें प्रधानमंत्री पद के लिए शपथ दिलायी जाएगी।

मृत्यु और हत्या में सदा ही अंतर होता है। मृत्यु स्वाभाविक प्रक्रिया है जबकि हत्या पूर्णतया अस्वाभाविक व अमानवीय कृत्य है। मृत्यु निश्चित और अटल है। परंतु हत्या का तो विधि–विधान ही कुछ और है। श्रीमती गांधी की निर्मम हत्या के बाद किसी ने उनको श्रद्धांजलि अर्पित करते हुए कहा भी था

कि जिस दिन श्रीमती गांधी ने सेना को स्वर्ण मंदिर परिसर में घुसने की आज्ञा दी थी उसी दिन उन्होंने अपने मृत्यु-पत्र पर हस्ताक्षर कर दिए थे। वास्तव में ऐसा कहना सत्य ही है। श्रीमती इंदिरा गांधी आतंकवादियों की प्रथम 'हिट-लिस्ट' की मानद सदस्या थीं और श्री राजीव गांधी का नाम भी उनके साथ ही जुड़ा हुआ था। जब दोनों को आतंकवादियों की ओर से धमकी भरे पत्र मिले थे तब किसी ने भी नहीं सोचा होगा कि श्रीमती गांधी वास्तव में उनकी गोलियों का निशाना बन ही जाएँगी, स्वयं श्री राजीव गांधी ने भी नहीं। किसी ने भी यह नहीं सोचा होगा कि श्री राजीव गांधी अपनी माँ का गोली से छलनी किया हुआ शरीर अपने कंधों पर उठाएँगे।

राजीव गांधी ने जब प्रधानमंत्री पद की शपथ ली थी उस समय उनके चेहरे पर बहुत से उतार–चढ़ाव थे। उनका चेहरा मौन होने पर भी गहरे संकल्पों का प्रतीक बना हुआ था। संकल्पों का प्रतीक तो वह उस समय भी बनता ही यदि श्रीमती गांधी की स्वाभाविक मृत्यु होती। मगर तब संकल्पों का स्वरूप ही कुछ और होता। उस समय उनका चेहरा यही कहता—"हे माँ! मैं तुम्हारे अधूरे छोड़े कार्यों को पूरा करने का संकल्प लेता हूँ। मुझे आशीर्वाद दो माँ।" इस समय भी संकल्प का भाव तो वही रहा होगा जो ऊपर लिखा है किंतु शब्द शायद ठीक इस प्रकार के नहीं होंगे।

पण्डित जवाहरलाल नेहरू जब देश के प्रधानमंत्री बने थे तो उस समय देश का बच्चा–बच्चा उन्हें 'चाचा नेहरू' के नाम से जानता था। जब उनकी पुत्री श्रीमती इंदिरा गांधी देश की प्रधानमंत्री बनी थीं तो किसी जमाने की वानर सेना की लीडर को भी भारत का एक-एक बच्चा जानता था। मगर जब राजीव गांधी को भारत का प्रधानमंत्री बनना पड़ा अथवा बनाया गया तो किसी बच्चे को उनकी जीवनी का पता होना तो दूर की बात है, उनकी जन्मतिथि का भी पता न होगा। यहाँ तक कि एक संसद सदस्य ने तो अपनी पुस्तक में उनका जन्म स्थान प्रयाग लिखा है तो एक अन्य लेखिका ने, जो श्रीमती इंदिरा गांधी की सखी के रूप में रही हैं, उनका जन्म स्थान इलाहाबाद लिखा है। हाँ, जन्मतिथि पर किसी का मतभेद नहीं है। यद्यपि जनसाधारण को तो उनकी जन्मतिथि के विषय में भी ज्ञान नहीं होगा।

यह सब लिखने का तात्पर्य यही है कि उस समय राजीव गांधी राजनीति की प्रारंभिक कक्षाओं में ही पढ़ रहे थे। साधारण व्यक्ति उनके बारे में केवल इतना ही जानता था कि पहले वे पायलट थे और बाद में राजनीति में आए।

श्रीमती इंदिरा गांधी अपने कनिष्ठ पुत्र संजय की मृत्यु के पश्चात् जबरन उन्हें राजनीति में लाई थीं अथवा यह कहा जाए कि कांग्रेस-कार्यकर्त्ताओं के आग्रह पर उन्हें उनकी इच्छा के विपरीत राजनीति में लाई थीं तथा इतना और कि उनकी पत्नी भारतीय नहीं विदेशी कन्या थीं, जिन्होंने कई वर्षों तक भारतीय नागरिकता ग्रहण नहीं की थी।

विवेकशील व्यक्तित्व

इतने कम अनुभव होने पर भी उनमें नेतृत्व करने की क्षमता थी, इसलिए तो श्रीमती इंदिरा गांधी ने अपने जीवन काल में ही उनको कांग्रेस पार्टी के महामंत्री पद पर नियुक्त किया और अब श्रीमती गांधी की निर्मम हत्या के बाद कांग्रेस संसदीय पार्टी ने उन्हें प्रधानमंत्री पद के लिए चुना। यह केवल इसलिए नहीं था कि उनकी स्वर्गीय माता और स्वर्गीय नाना की छवि का लाभ उठाया जा सके, बल्कि इसलिए भी कि जहाँ वे गतिशील व्यक्तित्व के स्वामी थे; वहीं साथ ही वे विवेकशील व्यक्तित्व के भी स्वामी थे।

संक्षेप में कहा जा सकता है कि जब राजीव गांधी को प्रधानमंत्री बनाया गया, तब उन्हें राजनीति का अधिक अनुभव नहीं था और ऐसे में उनके समक्ष अनेक कठिनाइयाँ आ सकती थीं। उस समय सभी के हृदय में ये प्रश्न उठते थे कि अनुभवी प्रधानमंत्री माँ की ममता और मार्गदर्शन से; विवेकशीलता से तीन वर्ष गुज़ारने वाले सफल सांसद और देश की सबसे बड़ी राजनीतिक पार्टी के महासचिव राजीव गांधी क्या स्वयं को तत्कालीन परिस्थितियों में पूर्णतया ढालकर एक सफल प्रधानमंत्री और कांग्रेस अध्यक्ष बन पाएँगे? क्या अपने नाना या माँ की भाँति वे लम्बे समय तक या कि अपने जीवन काल तक प्रधानमंत्री पद का कार्यभार सँभाले रख सकेंगे? अथवा फिर यों ही कुछ वर्ष जबरदस्ती शासन करके गद्दी से उतार फेंके जाएँगे?

इस प्रकार के प्रश्नों का उठना स्वाभाविक इसलिए हो गया था क्योंकि न केवल राजीव गांधी अनुभवहीन थे, अपितु पार्टी तथा मंत्रिमंडल में अनेक वयोवृद्ध और अनुभवी राजनीतिज्ञ भी विद्यमान थे। यहाँ पर यह उल्लेख कर देना अति आवश्यक है कि अनुभव और आयु में अपने से छोटे लोगों को अपने मनचाहे ढंग से चलाना इतना कठिन नहीं जितना कि अपने से बड़े और अनुभवी धुरंधरों को। सही मायनों में देखा जाए तो प्रधानमंत्री पद पर असली दावा करने वाले बहुत से वरिष्ठ राजनीतिज्ञ उस पार्टी में मौजूद थे, परंतु यदि

वे शासन सँभालते तो उनका शासन कुछ समय तक ही चल पाता, जैसा कि उनसे पूर्व जनता पार्टी का चला था और फिर उसके बाद सभी दिशाएँ अलग-अलग होने की संभावना थी।

राजनीतिक स्थिरता के प्रतीक

देश की अहम आवश्यकता राजनीतिक स्थिरता है। जो पार्टी राजनीतिक स्थिरता देने में सक्षम है वह जनता के वोट लेकर संसद में बहुमत प्राप्त कर सकती है। जिस समय इंदिरा गांधी की हत्या हुई, उस समय केवल कांग्रेस ही ऐसी पार्टी थी जो देश को स्थिर शासन दे सकती थी। यहाँ तक कि कुछ विपक्षी भी इस सत्य को भली-भाँति जानते थे और स्वीकार भी करते थे।

राजीव गांधी में सीमित गुण थे जबकि देश की समस्याएँ असीम थीं। इस स्थिति में प्रश्न यह उठता था कि क्या वे अपने उन सीमित गुणों को बढ़ाते हुए देश की असीमित समस्याओं का दायरा घटाने में सफल होंगे? इस विषय में आगे बढ़ने से पूर्व तत्कालीन समस्याओं का अध्ययन करने के लिए उन पर संक्षिप्त दृष्टि डालना जरूरी है :

विशालतम लोकतंत्र

भारत विश्व का सबसे बड़ा लोकतंत्र है। भारत की बढ़ती हुई जनसंख्या कई वर्षों से भारत के लिए बड़ी समस्या बनी हुई है। समय की यही पुकार है कि बढ़ती हुई जनसंख्या पर रोक लगाई जाए, किंतु लोकप्रिय ढंग से। स्व. संजय गांधी ने आपातकाल में इसके लिए बहुत प्रभावशाली पग उठाया था लेकिन बड़े अप्रभावशाली ढंग से। यही कारण था कि जिन्होंने मज़बूरी, डर या लालच में आकर आपातकाल में नसबंदी कराई थी, उनमें से अधिकांश ने स्वयं को पूर्वस्थिति में करा लिया था। अब भी उनके घर में एक लड़का पाने की चाह में पाँचवीं, छठी या सातवीं कन्या का जन्म हो रहा था। इस आबादी का न तो सही ढंग से शारीरिक विकास हो पाता था और न ही मानसिक विकास। राजीव गांधी को न केवल इस जनसंख्या पर अंकुश लगाना था बल्कि इसका वास्तविक विकास भी करना था।

बढ़ती जनसंख्या आम जनता से लेकर देश की अर्थव्यवस्था तक— सबको जड़ से हिलाकर रख देती है। इस दूसरी अहम समस्या पर नियंत्रण पाकर न केवल लोगों का दिल जीता जा सकता है बल्कि अर्थव्यवस्था को

भी मज़बूत बनाया जा सकता है। राजीव गांधी को इस एक समस्या का भी समाधान प्रस्तुत करना था। उन्हें न केवल ऐसे प्रयत्न करने थे जिनसे भारत में महँगाई घटे अपितु रुपये का अन्य मुद्राओं के अनुपात में अवमूल्यन भी कम हो।

विविधता से भरा देश

जैसा कि हमने ऊपर कहा है कि भारत विश्व का सबसे विशालतम लोकतंत्र है, जिसमें 28 राज्य और 9 केंद्र शासित प्रदेश हैं। सभी राज्यों और केंद्र शासित प्रदेशों की अलग-अलग भाषा, वेशभूषा, खान-पान, रहन-सहन का ढंग आदि भारत में जहाँ एक ओर विविधता पैदा करता है, वहाँ दूसरी ओर कई राजनीतिक, सामाजिक व आर्थिक समस्याएँ भी पैदा कर देता है। इन सभी पर आगे के अध्यायों में विस्तार से विचार किया जाएगा। अब तक यही देखा गया है कि चुनाव से कुछ समय पूर्व प्रत्येक सरकार इनमें से कुछ समस्याओं की ओर अपना ध्यान देकर जनता का ध्यान, मतदाताओं का ध्यान आकर्षित करती है और चुनाव समाप्त होने के कुछ माह पश्चात् वार्ताओं की असफलता आदि बहाने बनाकर समस्या को किसी-न-किसी प्रकार टाल दिया जाता है। नए नेता और उनकी नई सरकार को इन मसलों पर भी अपनी परीक्षा देनी थी।

साम्प्रदायिक सद्भाव

श्रीमती इंदिरा गांधी की हत्या के बाद भड़की हिंसा से जान-माल की भारी क्षति हुई थी। सन् 1947 में जो दंगे हुए थे वे देश के विभाजन के फलस्वरूप हुए थे, मगर 1984 के दंगे तो दिलों के विभाजन के कारण हुए थे। देश के विभाजन से अलग मत के लोग अपने मत के देश के अनुसार बँट गए थे। मगर दिलों की दरार के बावजूद एक ही देश में रहकर समस्या और भी उग्र रूप धारण कर लेती है। सिख समुदाय इन दंगों के बाद प्रायः शेष समाज में अलग-थलग-सा पड़ गया था। बदले की भावना किसमें उत्पन्न नहीं होती? यह आवश्यक नहीं कि हर किसी को सांप्रदायिक सद्भाव की परिभाषा मालूम हो। यह भी आवश्यक नहीं कि हर कोई सांप्रदायिक सद्भाव का आम जीवन में परिचय दे। नए प्रधानमंत्री के सम्मुख सबसे बड़ी समस्या तो यह थी कि बिना खनके दो बर्तनों को एक साथ किस प्रकार रखा

जा सके। यह समस्या बाहर से जितनी छोटी लगती थी, अंदर से उतनी ही बड़ी और भयावह थी।

पड़ोसी देशों से संबंध

इसमें बिल्कुल भी शंका नहीं कि पाकिस्तान भारत से टकराने को व्याकुल था, चाहे तत्कालीन पाकिस्तानी राष्ट्रपति जियाउल-हक कितनी ही सद्भाव वार्ताओं का प्रयास करें; प्रधानमंत्री राजीव गांधी के 12 नवम्बर के प्रसारण को ध्यान में रखकर कितनी ही शांति की बात करें, किंतु देखने में यही आ रहा था कि पाकिस्तानियों के मन में सद्भाव की झलक बिल्कुल भी नहीं थी। पंजाब में पकड़े गए आतंकवादी ऐसे ही बयान दे रहे थे। चीन भी पाकिस्तान से दोस्ती करके चुलबुला रहा था। इन समस्याओं का सामना भी राजीव गांधी को करना था।

वैसे तो श्रीलंका भारत के सामने नगण्य ही है। मगर तत्कालीन श्रीलंका में भारतीय मूल के तमिलों की भावनाओं से खिलवाड़ किया जा रहा था। श्रीमती गांधी ने इस समस्या पर बहुत विचार किया था और बहुत समझदारी पूर्ण रवैया भी अपनाया था जिससे सम्पूर्ण विश्व को तमिलों से सहानुभूति हो गई थी। राजीव गांधी राष्ट्रीय राजनीति में जितने नए थे, अंतर्राष्ट्रीय राजनीति में तो उससे भी कहीं अधिक नए थे। श्रीलंका में तमिलों के साथ जो हो रहा था, उसे रोकने के लिए राजीव गांधी को ठोस प्रयास करने थे।

लोकसभा चुनाव

सातवीं लोकसभा के आम चुनाव 30 अक्टूबर, 1984 तक जहाँ बहुत से प्रश्नचिह्नों से घिरे हुए थे, वहाँ 31 अक्टूबर, 1984 को लगभग सभी प्रश्नचिह्न एकदम मिट गए थे, मगर कुछ नए प्रश्नचिह्न उभर आए थे। पुराने प्रश्नचिह्न अब आठवीं लोकसभा के निर्वाचन तक के लिए स्थगित हो गए थे। यह तो सुनिश्चित हो ही गया था कि आठवीं लोकसभा का चुनाव दिसम्बर के अंत में होगा और यह भी सुनिश्चित था कि उन निर्वाचनों में काँग्रेस-ई अपना बहुमत बनाए रखेगी। किंतु यह राजीव गांधी तथा अन्य काँग्रेसजन के व्यवहार से ही निर्धारित होना था कि काँग्रेस-ई को कितना विशाल बहुमत प्राप्त होगा, जबकि उस समय समर्थन की हवा राजीव गांधी के पक्ष में बह रही थी। इस अवसर से लाभ उठाना उनकी कार्यकुशलता पर निर्भर करता।

बजट परीक्षा की घड़ी

देश का वार्षिक बजट वित्तमंत्री की नहीं अपितु प्रधानमंत्री की परीक्षा लेता है। राजीव गांधी, जिन्हें अभी तक अपने घर के राशन-पानी के बारे में भी संपूर्ण ज्ञान नहीं था, कुछ माह बाद संसद में प्रस्तुत किए जाने वाले बजट का किस प्रकार अवलोकन कर सकेंगे, यह एक बहुत बड़ा और महत्वपूर्ण मसला था जिनके कारण उनकी छवि पर विपरीत अथवा अनुकूल प्रभाव पड़ सकता था।

राजीव गांधी की छवि के बारे में कुछ भी विचार करने से पूर्व यह स्पष्ट करना आवश्यक हो जाता है कि श्रीमती गांधी की हत्या के बाद राजीव गांधी के विरोध में कुछ भी नहीं था। जो कुछ था, वह उनके पक्ष में ही था। परंतु पूरे देश का उन पर बोझ था और वे एकदम अकेले थे। उनके कामों से ही उनकी छवि में या तो निखार आता, या फिर वह धूमिल भी हो सकती थी। यह देखना था कि तत्कालीन परिस्थिति में वे अपनी छवि को किस प्रकार निखार पाते।

विपक्ष की प्रतिक्रिया

राजीव गांधी को प्रधानमंत्री बनाए जाने पर भारत का राजनीतिक विपक्ष रुष्ट हो गया था। प्रसन्न तो सत्तापक्ष से वह कभी भी नहीं रहा था। सत्तापक्ष और विपक्ष में सदा से ही आँख-मिचौली चली आ रही है। राजीव गांधी को प्रधानमंत्री बनाए जाने पर भाजपा के तत्कालीन अध्यक्ष अटल बिहारी वाजपेयी ने कहा था—"इस तरह का विवाद उठाया जाना ही बेकार है।"

और हेमवतीनंदन बहुगुणा के अनुसार—"यह कॉंग्रेस का आंतरिक मामला है। दूसरे, राष्ट्रपति को किसी भी व्यक्ति को प्रधानमंत्री बनाने का संवैधानिक अधिकार है। इसके बावजूद कोई खुदकुशी करना चाहे तो क्या किया जा सकता है।"

उनका संकेत कदाचित चौधरी चरणसिंह की ओर था। चौधरी चरणसिंह तो अन्य भी कई कारणों से राजीव गांधी के प्रधानमंत्री बनाए जाने के विरुद्ध थे। उनका कहना था—"राजनीति में नया-नया आया व्यक्ति देश की समस्याओं को कैसे समझ सकता है? फिर जिस व्यक्ति ने गाँव न देखे हों, वह गाँव के लोगों की समस्याओं को क्या समझ पाएगा?"

जनता पार्टी की महिला संसद सदस्य श्रीमती प्रमिला दंडवते का कहना था कि 'केवल तीन वर्ष के अनुभव के आधार पर कोई भी व्यक्ति प्रधानमंत्री बनकर देश को कैसे सँभाल सकेगा, यह समझना मुश्किल है।'

चंद्रशेखर का कहना था कि 'यह इस पर निर्भर करता है कि राजीव जी स्थितियों को किस प्रकार सँभाल पाते हैं। पिछले तीन सालों में तो उन्होंने कुछ किया नहीं। चाहे आंध्र की समस्या हो, कश्मीर की हो या पंजाब की—उनकी भूमिका बहुत सहायक नहीं रही। हो सकता है कि ज़िम्मेदारियों के आने पर वे बदलें। पर अभी तो उनके प्रधानमंत्री बनने के शुरू के तीन दिनों में जिस तरह से दिल्ली जली है उससे तो कोई उम्मीद नहीं लगती।'

बहुगुणा के अनुसार मुख्य मुद्दे कुछ दूसरे ही थे। उनका कहना था कि उस समय राजीव के लिए जरूरी था कि वे देश में फैल रहे घृणा के वातावरण को खत्म करें।

वाजपेयी जी का कहना था—"नए प्रधानमंत्री को इस समय अपने चारों ओर लगे हुए जमघट में से सही लोगों का चुनाव करना चाहिए। अभी से यह जाँचना कि राजीव गांधी प्रशासन कैसे सँभाल पाएँगे बहुत जल्दबाज़ी में कुछ कहना होगा। यह इस बात पर निर्भर करता है कि वे कैसे सलाहकार रखते हैं और किस तरह के फैसले लेते हैं। इसके साथ ही विपक्षी दलों के प्रति हिंसा और असहिष्णुता के भाव वाली सत्ता पक्ष की जो राजनीति चल रही है, उसे खत्म करना भी जरूरी है। यह कहना कि विरोधी दल वाले देश को बेच देना चाहते हैं, दूरी को बढ़ाता ही है। विपक्ष और सत्तापक्ष के बीच प्रामाणिक मतभेद जरूरी हैं और दृढ़ता के साथ उसे निभाना भी। लेकिन यदि एक दूसरे की नीयत और देशभक्ति पर संदेह हो जाए तो संकट की घड़ी में मन कैसे मिल पाएँगे।"

श्री राजीव गांधी के प्रधानमंत्री बनाए जाने पर मतभेद होने के बावजूद विपक्षी लोग उनसे मिलने के लिए गए। इसे राजीव गांधी को विपक्ष का दोस्ती का बढ़ा हुआ हाथ माना जाए या नहीं, यह प्रश्न अलग था। हाँ, राजनारायण ने कहा था—"महत्त्वपूर्ण मुद्दों पर मैं समय-समय पर राजीव जी को सलाह देता रहूँगा।" राजनारायण की दृष्टि में महत्वपूर्ण मुद्दा क्या होता था और उनकी सलाह क्या होती थी—यह विचार करने की बात थी और फिर वे अपनी बात पर दृढ़ रहेंगे भी कि नहीं; यह एक अन्य प्रश्न था।

भारत का विपक्ष सदा ही बौखलाया-सा रहता है। लेकिन उस समय तो

वह बुरी तरह से बौखलाया हुआ था। पूर्व प्रधानमंत्री चौधरी चरणसिंह ने 31 अक्टूबर को श्रीमती इंदिरा गांधी की हत्या पर दुःख और शोक प्रकट किया और अगले ही दिन 1 नवम्बर को श्री राजीव गांधी के प्रधानमंत्री बनाए जाने को असंवैधानिक करार दिया। जबकि यह काँग्रेस का आंतरिक मामला था; काँग्रेस बहुमत में होने के कारण उन्हें अपना नेता चुनकर प्रधानमंत्री बना सकती थी।

विपक्ष को कभी भी दुर्बल नहीं समझना चाहिए। समझदारों की यही नीति है। इस संबंध में राजीव गांधी कितनी समझदारी का परिचय देते, यह भी उस समय भविष्य के गर्भ में था। लेकिन इतना तो निश्चित था कि विपक्ष को नियंत्रित करने में राजीव गांधी को बहुत-सी कठिनाइयाँ आनी थी, जिसका सामना उन्हें अवश्य करना था। एक ही समय में अलग-अलग स्वभाव, बुद्धि और चतुरता के विपक्षी नेताओं से निबटना बहुत ही टेढ़ी खीर थी।

काँग्रेस की भीतरी स्थिति

विपक्ष के विषय में सोचने से पूर्व राजीव गांधी को 'पक्ष' अर्थात् अपनी ही पार्टी को समझना था, क्योंकि वहाँ भी टेढ़े-मेढ़े लोगों की कोई कमी नहीं थी। अपने घर के अंदर ही किसी प्रकार की कोई गड़बड़ नहीं होनी चाहिए। कोई कर्नाटक में तो कोई महाराष्ट्र में, कोई केरल में, तो कोई किसी अन्य प्रदेश में काँग्रेस के लिए सिरदर्द बने हुए थे। बिहार, राजस्थान और उत्तर प्रदेश में भी पार्टी के ही अंदर कई प्रकार के उतार-चढ़ाव आ रहे थे। किसी ने ठीक ही कहा है—"ईश्वर दोस्तों से बचाए, दुश्मनों से निबटना आता है।" अतः यह स्पष्ट था कि विपक्षियों से निबटने के लिए कोई भी नीति निर्धारित की जा सकती है मगर अपनी ही पार्टी के कार्यकर्त्ताओं से कैसे निबटा जाए?

कुल मिलाकर यह कहा जा सकता था कि राजीव गांधी अभी राजनीति की दहलीज के अंदर ही आए थे और उन्हें 70 करोड़ जनता को खुश करने का कार्य सौंप दिया गया था। जहाँ एक तरफ उनके लिए यह कठिन परीक्षा थी, वहीं संपूर्ण राष्ट्र के लिए यह एक बहुत बड़ा दाँव था। इन सब बातों को ध्यान में रखकर कहा जा सकता था कि जैसे इंदिरा गांधी की मृत्यु से एक युग समाप्त हो गया था, वैसे ही श्री राजीव गांधी के प्रधानमंत्री बनने से एक नई पीढ़ी का आविर्भाव हुआ। वह पीढ़ी जिसे इस देश के लोग ही नहीं, विश्व भर के लोग उत्सुकता, आशंका और आशा के साथ देख रहे थे।

विदेशों से संबंध

श्रीमती इंदिरा गांधी की अंत्येष्टि के समय आए विश्व के अनेक नेताओं ने राजीव गांधी को अपने सद्‌भाव और सहयोग के आश्वासन दिए थे। कुछ ने उन्हें अपने देश आने के निमंत्रण भी दिए थे। लेकिन अंतर्राष्ट्रीय राजनीति की दुनिया में ऐसे मीठे वायदे और सम्मोहन रोजमर्रा का शिष्टाचार है। उन पर पूरी तरह भरोसा करके जो भी देश चला है, वह मार खाए बिना नहीं रहा। व्यंग्यकार लक्ष्मण ने अपने एक व्यंग्य चित्र में इस घटना की इतनी सटीक टिप्पणी की थी शब्दों में उसका पर्याय मिलना मुश्किल है। उस चित्र में संसार भर के शोक व्यक्त करने आए मेहमान जहाज़ से वापस जा रहे थे और दूर से देखते राजीव गांधी चुपचाप खड़े सोच रहे थे कि यदि वे अपने कहे शब्दों पर रंच भी सच्चे हों तो उनके लिए कोई समस्या ही नहीं रह जाए।

सारा संसार जानता था कि राजीव गांधी को विरासत में ज्वलंत समस्याएँ मिली थीं। जिनमें सबसे बड़ी समस्या थी देश में अलगाववादी ताकतों से निबटने और शांति तथा अमन कायम कर उन ताकतों के इरादों को असफल करने की, जो समूचे भारत की एकता को बुनियादी चोट पहुँचाना चाहते थे।

4

प्रशासनिक सक्रियता

शासन सँभालने के एक सप्ताह के भीतर राजीव गांधी ने जो दृढ़ता, प्रशासन चुस्त करने और एकता के बिखरे सूत्रों को जोड़ने में दिखाई थी, उसे देखकर ऐसा लगने लगा था कि यदि वे उसी प्रकार अपने इरादों में अपनी निष्कलंक छवि के अनुरूप काम करते रहे तो कोई आश्चर्य नहीं है कि जो काम उनकी माँ नहीं कर सकीं वे कर दिखाएँगे। वैसे हमारा देश नतीज़ों पर पहुँचकर उछलने-कूदने का बहुत आदी हो गया है। किंतु यह पहला अवसर था कि जब राजनीति के आँगन से नहीं अपितु एक तकनीकी जानकार वैज्ञानिक की तरह काम करने की प्रणाली में विश्वास करने वाले तंत्र से एक प्रधानमंत्री इस देश को मिला था, जो काम के नतीजे पर विश्वास करता था।

निर्णायक व्यक्तित्व

उनको खबर दी गई कि पुलिस का 100 नम्बर फोन घुमाने पर कोई उठाता नहीं तो उन्होंने किसी के कहने या किसी और पर यह काम छोड़ने के बजाय दंगों के समय स्वयं 100 नम्बर पर डॉयल करके देखा और फिर जब स्वयं भी उसी अनुभव पर पहुँचे तो तुरंत कार्यवाही शुरू हो गई। शायद ऐसे ही नेता हमारे देश की नौकरशाही को ठीक भी कर सकते हैं जो नौकरशाही के लटके-झटकों को जानते हैं। संयोग से उनके प्रमुख सलाहकार श्री अरुण नेहरू भी इसी तबके से ताल्लुक रखते थे।

देश की आँखें आशा और विश्वास के साथ उन पर टिकी थीं।

परामर्शदाताओं का परिचय

राजीव गांधी के पदभार सँभालने के एक सप्ताह के दौरान राजनीतिक

क्षेत्रों में जिस तेजी से घटनाचक्र बदले थे; जिस कुशलता से सारी स्थिति को उन्होंने सँभाला था, कुछ हद तक इसका श्रेय उनके सलाहकारों को भी जाता है। उन सलाहकारों में अरुण नेहरू का नाम सबसे ऊपर था। संजय गांधी के निधन के बाद जब अरुण नेहरू राजीव गांधी के साथ राजनीतिक मंच पर पहली पंक्ति में आए, तब कई काँग्रेसी नेताओं ने मंद स्वर में यह कहना आरंभ कर दिया था कि कम्पनियों का प्रबंध सँभालना अलग बात है और राजनीतिक चातुर्य और दूरदर्शिता दिखाना अलग। अरुण नेहरू एक बहुत बड़ी व्यावसायिक कंपनी के प्रबंधक रह चुके थे। वे 1980 के चुनाव के अवसर पर राजनीति में आए थे। नेहरू परिवार से उनका खून का रिश्ता है। पं. जवाहरलाल नेहरू के चचेरे भाई श्री श्यामलाल नेहरू के सुपुत्र श्री आनंद नेहरू श्रीमती इंदिरा गांधी के चचेरे भाई थे और अरुण नेहरू उन्हीं के पुत्र हैं। एशियाड के दौरान राजीव गांधी ने इंतजाम की बागडोर अपने हाथ में सँभाली थी और आयोजन की सफलता के लिए बनाई गई 27 उप-समितियों में से अधिकांश में अरुण नेहरू को सम्मिलित किया गया था। उसके बाद संजय गांधी स्मृति-न्यास को सँभालने का कार्य भी अरुण नेहरू को ही दिया गया। उत्तर प्रदेश में विश्वनाथ प्रताप सिंह को मुख्यमंत्री पद से हटाए जाने के बाद श्रीपति मिश्र को राजनीतिक मामलों में उचित कदम उठाने की सलाह देने का दायित्व अरुण नेहरू को ही सौंपा गया था। यही कारण था कि उत्तर प्रदेश जैसे बड़े राज्य में भी असंतुष्टों का कोई ऐसा तबका खड़ा नहीं हो सका जो सीधे श्रीपति मिश्र को चुनौती दे सकता। जो उनका विरोध करना भी चाहता था, तो वह अपनी बात अरुण नेहरू तक पहुँचा देते थे।

राजीव गांधी को प्रधानमंत्री बनाए जाने के लिए अरुण नेहरू द्वारा निभाई गई भूमिका सचमुच लोगों को आश्चर्य में डाल देने वाली थी। राजनीतिक चातुर्य और दूरदर्शिता के बारे में आशंका प्रकट करने वालों का मुख बंद हो गया था। मंत्रिमंडल के गठन से लेकर प्रशासनिक परिवर्तनों में अरुण नेहरू की सलाहों को सर्वोपरि महत्त्व दिया जा रहा था। यही नहीं, आने वाले वर्षों में भी अरुण नेहरू की भूमिका महत्वपूर्ण रहने वाली थी। उन्हें काँग्रेस संगठन में महासचिव के पद पर नियुक्त करके राजीव गांधी ने उनकी महत्ता का बोध पार्टी और देश को करवा दिया था।

अरुण नेहरू की ही भाँति राजीव गांधी के एक अन्य सलाहकार थे—अरुण सिंह। उनकी महत्ता भी किसी से छिपी नहीं रह गई। राजीव गांधी ने

उनको अपना संसदीय सचिव नियुक्त किया था। अरुण सिंह कपूरथला के राजपरिवार के सदस्य थे और दून स्कूल में राजीव गांधी के सहपाठी रह चुके थे। राजीव गांधी ने जब राजनीति में प्रवेश किया तो उन्होंने अपने घनिष्ठ मित्र का स्मरण किया और वे भी एक निजी कम्पनी छोड़कर मित्र का साथ निभाने के लिए राजनीति के मंच पर आ विराजे। संसदीय सचिव बनने से पूर्व अरुण सिंह का कार्यक्षेत्र था—राजीव गांधी का मोतीलाल नेहरू मार्ग स्थित कार्यालय। वहाँ वे रचनात्मक कार्यों तथा राजीव गांधी के निर्देशों के अनुसार संगठन को सुदृढ़ करने वाली गतिविधियों को संचालित करते थे। प्रचार और अपने निजी प्रभाव के संबंध में उन्होंने कभी कोई दिलचस्पी नहीं दिखाई। शांत, ईमानदार और निष्ठावान सहयोगी के रूप में वे पग-पग पर राजीव गांधी को अपनी सही राय देते रहे और उनके निर्देशों को पूरा करते रहे। यही कारण था कि अप्रैल 1984 में राजीव ने उन्हें राज्यसभा में लाने की पहल की, तबसे वे राजनीतिक मामलों में भी राजीव गांधी को सहयोग देने लगे। श्रीमती इंदिरा गांधी की हत्या के बाद गंभीर परिस्थितियों में श्रीमती गांधी की अंत्येष्टि की व्यवस्था करने, दंगों को नियंत्रित करने तक के प्रबंध में निरंतर जुटे रहे।

इन सहयोगियों में एक अन्य महत्वपूर्ण नाम था—विजय शंकर त्रिपाठी का। त्रिपाठी का संबंध पहले संजय गांधी के साथ था। जनता पार्टी के शासन के दौरान वे आई.ए.एस. अधिकारी थे। उससे पूर्व सूचना प्रसारण मंत्रालय में विद्याचरण शुक्ल के विशेष सहायक थे। 'किस्सा कुर्सी का' केस में उनकी मुख्य गवाही थी किंतु अपनी गवाही के माध्यम से उन्होंने संजय गांधी को या शुक्ल को तनिक भी आँच नहीं आने दी। केन्द्र में आने से पूर्व त्रिपाठी मध्य प्रदेश के विभिन्न ज़िलों में प्रशासनिक अधिकारी रहने के बाद उद्योग सचिव के पद पर रह चुके थे।

सन् 1980 के निर्वाचनों में पुनः सत्ता में आने पर श्रीमती इंदिरा गांधी ने त्रिपाठी को प्रधानमंत्री सचिवालय में संयुक्त सचिव के पद पर नियुक्त किया। उस पद पर रहते हुए वे श्रीमती गांधी को पग-पग पर सलाह देते रहे थे। जब श्रीमती गांधी ने प्रतिनियुक्ति पर आए अधिकारियों को अपने-अपने प्रदेश वापस भेजने का आदेश निकाला तो उस समय त्रिपाठी ने अपने पद से त्याग पत्र दे दिया था। उस अवस्था में प्रधानमंत्री ने उनको अपने सचिवालय में प्रधानमंत्री के सलाहकार के रूप में नियुक्त कर लिया। राजीव गांधी चाहते

तो यही थे कि वे इस पर बने रहें किंतु विदेश सचिव नटवर सिंह की ही भाँति उन्होंने भी सक्रिय राजनीति में प्रविष्ट होने का इरादा कर अपने पद से त्याग पत्र दे दिया था।

आर.के. धवन और माखनलाल फोतेदार श्रीमती गांधी के बहुत पुराने सलाहकार थे। ये दोनों राजीव गांधी के साथ भी उसी अवस्था में काम करते और सलाह-मशविरा देते रहे जिस प्रकार कि वे श्रीमती इंदिरा गांधी को दिया करते थे।

शारदा प्रसाद—इंदिरा गांधी के प्रेस सलाहकार के रूप में अनेक वर्षों से उनके साथ थे। वे श्रीमती गांधी के भाषण लिखने वाले और प्रेस के साथ संपर्क-संबंध के मामलों में सलाह देने वाले वरिष्ठ अधिकारी थे। शारदा प्रसाद की यही विशेषता थी कि वे न केवल राष्ट्रीय मामलों में अपितु अंतर्राष्ट्रीय मामलों में भी तुरंत भाषण तैयार करने में सिद्धहस्त थे। वे बड़े विनम्र और मिलनसार स्वभाव के व्यक्ति थे, उनकी प्रसिद्धि का यह भी एक कारण था।

इस प्रकार सलाहकार के रूप में राजीव गांधी की उस टीम ने सहायता की जो दिवंगत प्रधानमंत्री की सहायता करती रही थीं। इससे राजीव गांधी को कार्य करने में सुविधा अनुभव हुई, इसमें कोई संदेह नहीं था।

प्रशासनिक सिद्धता

अपने शासन सँभालने के एक सप्ताह के भीतर जो प्रभावकारी परिवर्तन राजीव गांधी ने किए थे, उनमें से बहुतों का उल्लेख हम पीछे कर आए हैं। टेलीफोन विभाग की नौकरशाही और पुलिस विभाग की अकुशलता किसी से छिपी नहीं है। इसके अतिरिक्त जो महत्वपूर्ण परिवर्तन उन्होंने किए, वे थे—दिल्ली के उपराज्यपाल पद पर और पुलिस आयुक्त के पद पर नई नियुक्तियाँ करना। खुफिया एजेन्सियों का कार्य भी श्रीमती गांधी की हत्या के मामले में आलोचना का विषय बना। इस कांड ने उनकी अक्षमता और खोखलेपन को भली प्रकार उजागर कर दिया। यही कारण था कि प्रधानमंत्री की सुरक्षा के लिए उत्तरदायी पुलिस को बदल दिया गया। एक 'विशेष सुरक्षा बल' गठित किया गया।

इंटेलिजैंस ब्यूरो के निदेशक आर.के. कपूर और सहायक निदेशक रतन सहगल को उनके अपने राज्यों में वापस भेज दिया गया। अतिरिक्त पुलिस

आयुक्त को मुअत्तल कर दिया गया। तदंतर इन सभी पदों पर नई नियुक्तियाँ की गईं। रॉ के पूर्व निदेशक और संस्थापक, जो प्रधानमंत्री इंदिरा गांधी के सलाहकार भी थे, उन्होंने स्वयं अपने पद से त्यागपत्र दे दिया था।

उभरती छवि

राजीव गांधी के नितृत्व में देश को विघटित करने वाली ताकतों की ओर सख्ती से निबटने का इशारा किया गया। श्रीमती गांधी भी इस ओर समय-समय पर संकेत करती रही थीं। राष्ट्र-विरोधी शक्तियाँ जिस प्रकार देश के विभिन्न भागों में सक्रिय थीं उनके रहते हुए, यही कहना होगा कि परिस्थिति बहुत भयंकर थी। इसका वर्णन हम पिछले पृष्ठों पर भी कर आए हैं। इसलिए राजीव गांधी की ज़िम्मेदारियाँ भी अधिक बढ़ गई थीं। काँग्रेस का ढाँचा बाहर से बहुत विराट था, लेकिन भीतर से उतना सुदृढ़ नहीं था। उसमें चाटुकारों, समय-पूजकों और अवांछित तत्त्वों ने घुसपैठ कर रखी थी। श्रीमती गांधी में तो इन तत्त्वों को पहचानने, जरूरत पड़ने पर उनका इस्तेमाल करने अथवा उन्हें अलग कर देने की क्षमता थी। लेकिन राजीव गांधी के लिए ये तत्त्व उलझन का कारण बन सकते थे, अत: उनको सावधानी के साथ अपनी विवेक बुद्धि का इस्तेमाल करना था। उम्मीद तो यही की जा सकती थी कि उनके सलाहकार अपने अनुभव और समझदारी—दोनों दृष्टियों से सक्षम तथा उपयुक्त सिद्ध हों। जो भी हो, पदभार सँभालने के सप्ताह भर में राजीव गांधी ने जिस धैर्य, संयम और दृढ़ता के साथ परिस्थितियों को नियंत्रित किया था, वह स्वयं में प्रशंसनीय था। जनता में उनकी छवि संयत, गंभीर और निष्कलुष व्यक्ति की बन गई थी।

सबसे कम आयु के प्रधानमंत्री

जिस समय राजीव गांधी के कंधों पर भारत के प्रधानमंत्री पद का भार आया और उनको यह गौरवमय पद प्राप्त हुआ, उस समय उनकी आयु केवल चालीस वर्ष की थी। तब तक के प्रधानमंत्रियों में वे सबसे कम आयु के प्रधानमंत्री थे। सामान्यतया इस आयु में तो राज्यों के मुख्यमंत्रियों की भी नियुक्ति संभव नहीं हो पाती थी जबकि राजीव गांधी को भारत जैसे विशाल देश और महान् गणतंत्र का प्रधानमंत्री नियुक्त किया गया था।

विगत चालीस वर्षों का उनका जीवनकाल घटनाचक्रों से ओत-प्रोत नहीं रहा था, जैसा कि राजनीतिज्ञों का रहा करता है। किंतु उसका भी कारण था। राजनीतिज्ञ के रूप में उनका जीवनकाल उस समय, जब उनको भारत का प्रधानमंत्री बनाया गया, केवल तीन वर्ष का ही था। उन तीन वर्षों की अवधि में उन्होंने जो किया उसका वर्णन हमने आगे किया है। यही कारण था कि अपने जीवन के आरंभ से ही वे राजनीति के क्षेत्र में नहीं रहे। इस कारण उनके जीवन में ऐसी घटनाएँ भी नहीं घटीं, जिनका राजनीति के संदर्भ में उल्लेख किया जा सके।

अपना अध्ययन पूर्ण करने के बाद वे एयर इंडिया में विमान चालक के रूप में नियुक्त हुए और राजनीति में प्रविष्ट होने तक उसी में रहे। उस समय उनकी मित्रमंडली में भी कोई ऐसा सदस्य नहीं था जिसका राजनीति से दूर का भी नाता हो। यहाँ तक कि जो उनके परामर्शदाता के रूप में नियुक्त हुए थे, उनका भी राजनीति से कोई संबंध नहीं था। उनमें से कोई उनके स्कूल का साथी था, तो कोई उसके बाद का मित्र अथवा अरुण नेहरू जैसे एक-दो निकट के रिश्तेदार थे। शेष सब वही थे जो श्रीमती गांधी के सलाहकार रहे थे।

राजीव गांधी के जीवन वृत्त से पूर्व यहाँ उनके पूर्वजों के विषय में भी थोड़ा बहुत वर्णन करना अत्यंत आवश्यक है। इसलिए हमने यहाँ सर्वप्रथम उनके नाना पंडित जवाहर लाल नेहरू, उसके बाद उनके पिता फिरोज गांधी तथा उनकी माता इंदिरा गांधी का संक्षिप्त परिचय दिया है। क्योंकि इन तीनों की छत्रछाया में ही राजीव गांधी पले-बढ़े और बड़े हुए। अतः उनके उल्लेख के बिना राजीव गांधी का जीवन वृत्त अधूरा ही माना जाता; इन तीनों का इस जीवनी में हमने संक्षेप में ही उल्लेख किया है। जिससे कि पाठकों को उस समय के राजनीतिक वातावरण का ज्ञान हो सके।

पंडित जवाहरलाल नेहरू

इस स्थान पर पंडित जी के विषय में लिखने का हमारा उद्देश्य केवल यही है कि पंडित जी राजीव गांधी के नाना थे। नाना होने पर भी वे उनके दादा के स्थान पर थे। वह इसलिए कि उनका सारा जीवन ही अपने नाना के चारों ओर और उनके निधन के उपरांत केवल अपनी माता के चारों ओर ही

बीता था। पिता अथवा दादा के परिवार से उनका इतना संबंध नहीं रहा जितना कि सामान्यतया रहा करता है। अत: उनके पूर्वजों के उल्लेख की जब बात आती है नेहरूजी का उल्लेख आना स्वाभाविक है। इसी दृष्टि से हम यहाँ पर नेहरू जी पर संक्षेप में कुछ प्रकाश डालने का यत्न कर रहे हैं।

नेहरू जी का व्यक्तित्व पर्वत के समान ऊँचा, सागर समान गहरा और धरती के समान चौड़ा था। अत: ऐसे व्यक्ति की बात क्या दो-चार पृष्ठों में समाप्त हो सकती है?

नेहरू जी आधुनिक भारत के निर्माता थे।

यहाँ पर हम सन् 1929 से नेहरूजी के जीवन की संक्षिप्त परिचय देने का यत्न कर रहे हैं। सन् 1929 में अखिल भारतीय काँग्रेस अधिवेशन के लिए जब अध्यक्ष का चुनाव हुआ तो अंत में केवल दो नाम शेष रह गए थे। एक पंडित मोतीलाल नेहरू (पं. जवाहरलाल नेहरू के पिता) का और दूसरा महात्मा गांधी का। दोनों सबके लिए समान रूप से सम्माननीय और आदरणीय थे। तब क्या किया जाए?

इसका समाधान करने के लिए काँग्रेस कार्य समिति की लखनऊ में बैठक हो रही थी। पंडित मोतीलाल नेहरू और महात्मा गांधी ने उठकर कहा कि वे लोग कुछ क्षण के लिए एकांत में विचार-विमर्श करने के लिए बराबर के कमरे में जा रहे हैं।

इस प्रकार वे दोनों दूसरे कमरे में गए; और जब बाहर आए तो उन्होंने घोषणा की—"इस बार काँग्रेस के अध्यक्ष पद को पंडित जवाहरलाल नेहरू सुशोभित करेंगे।" इस प्रकार यह विवाद सरलता से सुलझ गया और किसी को इसमें किसी प्रकार की कोई आपत्ति भी नहीं हुई। समस्या का समाधान इस प्रकार हुआ कि सबने उसका स्वागत किया।

पंडित नेहरू के काँग्रेस अध्यक्ष बनने के दो वर्ष तक पंडित मोतीलाल नेहरू जीवित रहे। 6 फरवरी 1931 को उनका देहांत हुआ। उनके निधन के बाद पंडित जवाहरलाल नेहरू महात्मा गांधी के और भी निकट आ गए।

पंडित नेहरू के काँग्रेस अध्यक्ष बनने के बाद भारत में कई प्रकार की हलचल आरंभ हो गई। एक ओर काँग्रेस कार्यरत थी तो दूसरी ओर क्रांतिकारी युवक भी उसी लगन से कार्यरत थे। उसी वर्ष अर्थात् अप्रैल 1929 में सरदार भगत सिंह और बटुकेश्वर दत्त ने संसद में बम फेंककर धमाके के साथ आज़ादी

की आवाज़ बुलंद की। इससे पूर्व सन् 1928 में लाला लाजपत राय पर मरणांतक पुलिस अत्याचार किए गए। 8 नवम्बर को पुलिस के अत्याचार से लाला जी की मृत्यु हुई तो एक माह बाद दिसम्बर 1928 में साण्डर्स की हत्या कर दी गई। अगले वर्ष अर्थात् 29 दिसम्बर 1929 को दिल्ली के निकट वायसराय की गाड़ी को टाइम बम से उड़ा दिया गया। 1930 में देश में स्थान-स्थान पर इस प्रकार के धमाके होते रहे थे।

सन् 1931 में बंबई, हावड़ा, मद्रास, मुल्तान, कानपुर, लायलपुर, अमृतसर, गुजरांवाला, शुखपुरा, दिल्ली, कलकत्ता, पेशावर, ढाका, मैमन सिंह, राजशाही, बन्नू, बनारस, कराँची, जैसोर, मुर्शिदाबाद, खुलना, खुरजा, इलाहाबाद, लुधियाना, हैदराबाद (सिंध), चांदपुर (बंगाल), लाहौर आदि स्थानों पर बम फेंकने, गाड़ी रोकने और अधिकारियों की हत्या के प्रयत्नों की अनेक घटनाएँ हुईं।

इसी वर्ष 1932 में भी क्रांतिकारियों के आक्रमण की 17 घटनाएँ हुईं।

15 अगस्त, 1947 को भारत स्वतंत्र हुआ। नेहरूजी ने तब कहा था—"हमारी चिर आकांक्षित स्वतंत्रता हमें मिल गई है, किंतु फौरन बाद ही हमें लहू और आँसुओं के पारावार से होकर गुजरना पड़ा।"

एक बार उन्होंने यह भी कहा था—"कितने ही स्वप्न अभी अधूरे हैं और अभी अपनी सफलताओं पर विजय की अनुभूति की बजाय हम अपने चारों ओर फैली हुई विपन्नता पर एक शून्यता और निराशा का अनुभव कर रहे हैं। हमें लाखों की आँखों में आँसू पोंछने हैं। हमें अपने राष्ट्रीय लक्ष्य के संबंध में कोई भ्राँति नहीं रहनी चाहिए। हमारा उद्देश्य एक शक्तिशाली स्वतंत्र और जनतंत्रीय भारत है, जिसमें प्रत्येक नागरिक को समान स्थान, और विकास व सेवा के समान अवसर प्राप्त होंगे। जिसमें आजकल की आर्थिक और सामाजिक मर्यादा संबंधी असमानताएँ नहीं रह जाएँगी और जहाँ हमारी प्रमुख प्रेरणाएँ रचनात्मक एवं सहयोगात्मक प्रयत्नों में लगी रहेंगी। ऐसे भारत में साम्प्रदायिकता, हठधर्मी, छुआछूत, पृथकतावाद और मनुष्य द्वारा मनुष्य के शोषण का कोई स्थान नहीं होगा। उसमें पूर्ण धार्मिक स्वतंत्रता होगी और धर्म को राष्ट्रीय जीवन के राजनीतिक और आर्थिक पहलुओं में हस्तक्षेप नहीं करने दिया जाएगा।"

पंडित नेहरू सन् 1929 में काँग्रेस के अध्यक्ष बने। उसके बाद अंतरिम काँग्रेस या मिली-जुली सरकारें बनीं। सन् 1929 में लाहौर से उनका

वास्तविक कार्यशील जीवन आरंभ हुआ था जिसका अंत मई 1964 में दिल्ली में हुआ। इस प्रकार 35 वर्षों का उनका व्यक्तित्व भारतीय इतिहास पर इस कदर छाया हुआ है कि दुनिया के लोगों के लिए सशक्त रचनात्मक प्रेरणाओं के प्रेरक पुंज के रूप में अपना प्रभाव रखेगा।

राष्ट्रीय ही नहीं अपितु अंतर्राष्ट्रीय राजनीति में भी भारत की भूमिका महत्वपूर्ण मानी जाने लगी थी और इसका सारा श्रेय भी पं. नेहरू को ही जाता है। उन्होंने विश्व के सभी देशों को दूसरे देशों के प्रभाव से मुक्त रखकर, उन्हें सैन्य संगठनों से अलग रखकर स्वतंत्र रूप से विकास करने की प्रेरणा दी। उन्हीं के निर्देशन में गुटनिरपेक्ष आंदोलन चला जिसके फलस्वरूप तटस्थ देशों को संगठित करने का अभियान आरंभ हुआ। वह आज तीसरी दुनिया के देशों के रूप में संगठित होकर विश्व राजनीति में एक शक्ति संतुलन कायम रखने में कामयाब हुआ है।

पंचशील की चर्चा के बिना पंडित जी की कहानी अपूर्ण रहेगी। संक्षेप में हम पंचशील के सिद्धांतों का विवरण ही यहाँ पर दे रहे हैं। वे सिद्धांत हैं—

1. अनाक्रमण।
2. एक–दूसरे की सार्वभौतिकता और प्रादेशिक अखण्डता का सम्मान।
3. आंतरिक मामलों में हस्तक्षेप न करना।
4. समानता तथा पारस्परिक लाभ।
5. शांतिपूर्ण सह–अस्तित्व।

कवीन्द्र रवींद्र ने नेहरू को भारत का ऋतुराज कहा था। पंडित नेहरू युगपुरुष थे।

फिरोज गांधी

राजीव गांधी के बचपन के प्रकरण में हमने उनके पिता फिरोज गांधी के अपने बच्चों के प्रति विशेष लगाव की बात लिखी है। उत्तर भारत में एक कहावत प्रचलित है—"पिता पर पूत नस्ल पर घोड़ा, बहुत नहीं तो थोड़ा-थोड़ा।" इसका यही अभिप्राय है कि माता-पिता का अपनी संतान पर रक्त का संबंध होने के कारण, बहुत कुछ असर पड़ता है। राजीव गांधी इसके अपवाद नहीं थे। सूरत-शक्ल में तो पिता–पुत्र में इतना साम्य था कि

कभी-कभी देखने वालों को भुलावा हो जाता था कि कौन पिता है और कौन पुत्र।

राजीव के पिता स्वर्गीय फिरोज गांधी का जन्म 12 सितम्बर 1912 को मुम्बई में हुआ था। बचपन के कुछ वर्ष मुम्बई में रहने के बाद उनको प्रयाग भेज दिया गया था। फिरोज गांधी के पिता एक ऐसी कंपनी में इंजीनियर थे कि जिसके लिए उनको अधिकतर विदेश यात्रा पर रहना पड़ता था। बच्चों की देख-रेख ठीक हो इसलिए उन्होंने अपनी पत्नी तथा तीनों बच्चों, फिरोज के बड़े भाई फेरदून तथा बहन तहमीना के साथ फिरोज को अपनी बहन के पास भेज दिया।

फिरोज बचपन से ही बड़े नटखट थे। न केवल उनका सारा घर और उनके रिश्तेदार, उनकी मित्रमंडली भी उनके पीछे रहा करती थी। उनके बड़े भाई और बहन समय-समय पर उनको टोकते रहते थे, ताकि वे कोई ऐसा काम न कर बैठें जिससे कि उनकी बदनामी हो। किंतु फिरोज तो फिरोज थे। फिरोज ने कभी कोई बंधन स्वीकार नहीं किया। फिर स्वभाव तो स्वभाव होता है, उस पर अकुंश लगाकर दबाया जा सकता है बदला नहीं जा सकता।

फिरोज गांधी पढ़ने-लिखने में होशियार थे। उनको मात्र 4 वर्ष की आयु में पढ़ने बैठा दिया था और पंद्रह वर्ष की आयु में उन्होंने हाई स्कूल परीक्षा उत्तीर्ण कर, 16 वर्ष की आयु में इलाहाबाद के क्रिश्चियन कॉलेज में प्रवेश लिया था।

केशवदेव मालवीय भी इसी विद्यालय में पढ़ते थे। दोनों में मित्रता हो गई। उनकी एक बाल स्कॉउट संस्था थी। फिरोज गांधी भी उस संस्था के सदस्य बन गए। इस बाल स्कॉउट संस्था के माध्यम से ही फिरोज गांधी का राजनीतिक जीवन आरंभ हुआ। आरंभ में स्कॉउट सदस्य इलाहाबाद में घूम-घूमकर कार्य करते रहे। इस अभियान का फल यह निकला कि उस समय के राजनीतिक कार्यकर्ताओं ने उनको देख लिया और परख भी लिया।

कॉलेज के विद्यार्थी का जीवनकाल ऐसा होता है जबकि वह दुविधा में पड़ा हुआ होता है। वहाँ उसको निश्चय करना होता है कि उसका भावी जीवन कैसा होगा? उसको क्या बनना है? फिरोज गांधी कॉलेज जीवन में राजनीति के संपर्क में आ गए थे। इस कारण उनके मन में देश प्रेम का अंकुर उत्पन्न

हो गया था। दूसरी ओर अपने पारिवारिक जीवन को देखते तो उनकी भौतिक कामनाएँ भी अपना जोर दिखातीं।

इन्हीं दिनों केशवदेव मालवीय के माध्यम से फिरोज गांधी आनंद भवन में आने-जाने लगे। आनंद भवन नेहरू परिवार का निवास था। पं. मोतीलाल नेहरू ने उसे खरीद कर फिर अपनी इच्छानुसार बनवाया था। जवाहर लाल नेहरू से मिलकर, उनके विचार सुनकर फिरोज गांधी का चित्त स्थिर होने लगा। किसी सीमा तक उन्होंने अपने जीवन के विषय में निर्णय कर लिया।

सन् 1928 में भारत में साइमन कमीशन आया था। उस समय फिरोज गांधी की आयु मात्र 16 वर्ष की थी और वे कॉलेज में पढ़ने लगे थे। अंग्रेज सरकार ने भारत के प्रशासनिक मामलों में सुधारों के संबंध में रिपोर्ट देने के लिए यह कमीशन गठित किया था। सर जॉन साइमन इस कमीशन के अध्यक्ष थे, इसलिए इस कमीशन का नाम 'साइमन कमीशन' पड़ गया था।

साइमन कमीशन सबसे पहले मुम्बई में रहा और फिर उसके बाद दिल्ली आया। वहाँ से वह इलाहाबाद पहुँचा। इस कमीशन की नियुक्ति के बाद ही भारत में इसके विरुद्ध अभियान चल पड़ा था। जब कमीशन इलाहाबाद पहुँचा तो उससे पूर्व ही पंडित जवाहरलाल नेहरू और पंडित गोविंदवल्लभ पंत के नेतृत्व में पूरे संयुक्त प्रांत में, (उन दिनों उत्तर प्रदेश का यही नाम था) इस कमीशन के विरुद्ध प्रखर आंदोलन चल रहा था।

फिरोज गांधी पर राजनीति में प्रविष्ट न होने के लिए उनके घरवालों की ओर से निगरानी रखी जाती थी। समय-समय पर उनको डराया-धमकाया भी जाता था। साइमन कमीशन के विरोध में किए जाने वाले आन्दोलन में उनको भाग न लेने के लिए कहा गया था। इस पर भी फिरोज केवल जुलूस देखने की इजाजत लेकर घर से निकल आए। फिर जुलूस में पहुँचकर न सिर्फ गला फाड़-फाड़कर कर नारे लगाए अपितु किशोर फिरोज जैसा भाषण दे सकता था, वैसा भाषण भी उन्होंने दिया। पहले तो शायद उन्हें बच्चा समझ कर पुलिस टालती रही। फिर जब उसने देखा कि यह तो स्थान-स्थान पर हंगामा मचा रहा है तो फिर उन्हें पकड़ लिया और थाने ले गई। वहाँ जाकर पुलिस जिस प्रकार भी उनका आदर-सत्कार कर सकती थी, वैसा किया। फिर उस पिटे-पिटाए किशोर को उसके घर लाकर छोड़ दिया। भाई को जब पता चला

तो रही सही कसर उन्होंने पूरी कर दी। एक तो भाई की आज्ञा का उल्लंघन किया था और दूसरे एक ऐसा काम किया था जो उनके परिवार वाले पसंद नहीं करते थे।

इस प्रकार फिरोज गांधी पर देशभक्ति और देशप्रेम की अमिट छाप पड़ गई। आनंद भवन के ही माध्यम से फिरोज गांधी महात्मा गांधी के भी संपर्क में आए। समय के साथ-साथ यह सम्पर्क और घना होता गया और महात्मा जी के मन में फिरोज की छवि अंकित हो गई। यही कारण था कि एक अवसर पर उन्होंने फिरोज की प्रशंसा करते हुए कहा था—"मुझे यदि फिरोज गांधी जैसे केवल सात देशभक्त मिल जाएँ तो मैं सात दिन में देश को स्वतंत्र करवा सकता हूँ।"

फिरोज गांधी का यह बहुत बड़ा सम्मान था। इससे बढ़कर प्रशस्ति पत्र उनको कौन दे सकता था।

'साइमन कमीशन' का भारत में प्रबल विरोध हुआ। इलाहाबाद और लखनऊ में पुलिस ने भारतीय जनता पर बहुत अत्याचार किए। न केवल लखनऊ, इलाहाबाद अपितु सारे भारत में ही जहाँ-जहाँ साइमन कमीशन गया, वहाँ-वहाँ उसका विरोध हुआ और वहीं पुलिस ने उन पर अत्याचार किए।

साइमन कमीशन अपना काम करके वापस चला गया। फिर आया 1930 का डांडी मार्च। यह नमक–कर कानून को हटाने के लिए किया गया था। एक सांकेतिक आंदोलन था। इसमें 24 दिनों में दो सौ मील की यात्रा की गई। फिरोज गांधी ने भी इस यात्रा में भाग लिया और उसके लिए उनको अंग्रेज सरकार का अतिथि बनना पड़ा। उन्हें जेल भेज दिया गया। इस प्रकार 18 वर्ष की आयु में उनको कारावास भुगतना पड़ा था। इसके बाद तो जेल जाने का क्रम निरंतर चलता रहा।

नेहरू परिवार से फिरोज गांधी का सम्पर्क बना रहा। वे एक प्रकार से उस परिवार के सदस्य के रूप में ही हो गए थे। उस समय पं. जवाहरलाल की पत्नी श्रीमती कमला नेहरू अस्वस्थ हो गईं। उनका रोग कोई साधारण रोग नहीं था। उन्हें क्षय जैसा असाध्य रोग हो गया था। उस बीमारी में फिरोज गांधी ने कमला नेहरू की ठीक वैसी ही सेवा की जैसी सेवा उनका अपना, अपने गर्भ से उत्पन्न पुत्र करता।

कमला जी बड़ी ही ममतामयी थीं। उनके ममत्व ने फिरोज गांधी को

मोह लिया था और जब वे बीमार पड़ीं तो फिरोज सबकुछ छोड़कर उनकी सेवा में जुट गए। कमला जी का उपचार पहले तो देश में ही होता रहा। जहाँ-जहाँ भी वे गईं, फिरोज उनके साथ गए। जब देश के उपचार से कुछ लाभ नहीं हुआ तो उनको उपचार के लिए विदेश जाना पड़ा। फिरोज गांधी वहाँ भी उनके साथ थे। किंतु नियति के सम्मुख किसी का वश नहीं चलता। अंत में क्षय रोग ने कमला जी को सदा के सुला दिया। 28 फरवरी 1936 को उनका निधन हो गया। उस समय फिरोज गांधी फफक कर रोए थे। वे बिलख उठे थे, उनकी शक्ति का एक स्रोत उस दिन सूख गया था।

इस अवधि में उनका इंदिराजी से संपर्क बना और वह संपर्क घनिष्ठता में बदलता गया। वे माँ के वियोग से दु:खी इंदिरा के अंत:करण के निकट आए। इंदिराजी के व्यथित मन को सहारा मिला और फिर मार्च 1942 में दोनों का विवाह हो गया। विवाह आनंद भवन में ही एक सादे समारोह में संपन्न हुआ था। गांधीजी ने इस विवाह के लिए अपना आशीर्वाद भेजा था और देश के कई गणयमान्य नेता इस विवाह के अवसर पर स्वयं उपस्थित हुए थे।

दिन बीतते गए, स्वतंत्रता संग्राम संघर्ष जोर पकड़ता गया और अंत में सन् 1947 में भारत स्वतंत्र हो गया। सन् 1950 में इसे लोकतंत्र घोषित किया गया और सन् 1952 में प्रथम निर्वाचन हुए। इन निर्वाचनों में फिरोज गांधी भी लोकसभा के लिए निर्वाचित हो गए। इसके बाद सन् 1957 में भी उन्होंने चुनाव लड़ा और निर्वाचित हुए। फिरोज गांधी का चुनाव क्षेत्र रायबरेली रहा। इसी रायबरेली से बाद में श्रीमती इंदिरा गांधी ने भी चुनाव लड़ा था।

संसद सदस्य के रूप में फिरोज गांधी अपना अनुकरणीय इतिहास आने वाली पीढ़ी और संसद सदस्यों के लिए छोड़ गए। 1952 से लेकर सितम्बर 1960 तक, अपने जीवनपर्यंत वे अविचल रूप से भ्रष्टाचार का पर्दाफाश करते हुए देश को और अधिक सशक्त स्वरूप प्रदान करने के लिए सचेष्ट रहे।

फिरोज गांधी ने संसद में निजी बीमा कम्पनियों के विरुद्ध जेहाद छेड़ दिया था। जैसा कि हम लिख आए हैं कि वे भ्रष्टाचार के प्रबल शत्रु थे। बीमा कंपनियों में भ्रष्टाचार का बोलबाला था। फिरोज गांधी की आवाज़ का परिणाम यह हुआ कि भारत बीमा कंपनी के स्वामी रामकृष्ण डालमिया को कारागार

में अपना जीवन बिताना पड़ा। इसी प्रकार टाटा ग्रुप के रेल इंजन बनाने के कारखानों में फैले भ्रष्टाचार के विरुद्ध उन्होंने आवाज़ उठाई तो सरकार को उनका राष्ट्रीयकरण करना पड़ा।

इस प्रकार वे गरीबी, भ्रष्टाचार आदि के विरुद्ध संघर्ष कर रहे थे कि स्वयं उनका शरीर इस संघर्ष में जीर्ण-शीर्ण हो गया। अंत में 8 सितम्बर, 1960 को उन्होंने अपनी इहलीला पूर्ण की।

श्रीमती रामेश्वरी नेहरू ने उनके विषय में कहा था—"फिरोज गांधी गरीबों और पददलितों के निर्भीक पक्षधर थे। अन्याय और उत्पीड़न के विरुद्ध वे विधिवत् साहसपूर्ण संघर्ष करते थे तथा ऐसा करना वे अपना कर्तव्य समझते थे।"

इंदिरा गांधी

श्रीमती इंदिरा गांधी के विषय में इस छोटे प्रकरण में विस्तार से प्रकाश डालना बड़ा कठिन है। उनका जीवन तो एक पुस्तक के एक खंड में भी नहीं समा सकता। उसके लिए अनेक खंडों की रचना करनी होगी। उनकी हत्या के अवसर पर विभिन्न लोगों ने उनको श्रद्धांजलि अर्पित करते हुए उनके गुणों की प्रशंसा की। उनमें भारत कोकिला सुश्री लता मंगेशकर ने अपनी श्रद्धांजलि अर्पित करते हुए कहा था—"समुद्र की स्याही, पर्वत की कलम और पृथ्वी का कागज बनाकर भी उनके गुणों को लिखा जाए तो उनकी गणना पूर्ण नहीं हो पाएगी।"

कदाचित् लता जी ने ये भाव संत कबीर के इस दोहे से लिए थे—

"सात समंदर की मसि करूँ, लेखनी सब वनराय।
धरती को कागद करूँ, हरि गुण लिख्यो न जाए।।"

19 नवम्बर, 1984 को श्रीमती गांधी अपने जीवन के 68 वर्ष पूर्ण कर 69वें में प्रविष्ट होतीं। किंतु नियति के हाथों ने उन्हें हमसे छीन लिया।

श्रीमती गांधी का जन्म जिस परिवार में हुआ था, उसका उल्लेख हम स्थान-स्थान पर कर चुके हैं। भारतीय इतिहास में उनकी यह कालावधि एक विशेष महत्त्व रखती है। इस अवधि में भारतीय स्वतंत्रता आंदोलन की गति तीव्र हुई; महात्मा गांधी का नेतृत्व भारतीय राजनीति और आंदोलन को मिला; जलियांवाला बाग जैसी दुर्घटना, क्रांतिकारियों के धमाके, 1942 का विद्रोह,

नेताजी सुभाष का संघर्ष आदि के साथ-साथ अकाल, सूखा और दैवी प्रकोप— ये सब इस कालखंड में हुआ। इंदिरा गांधी इन सबकी प्रत्यक्षदर्शी रही हैं।

इंदिरा गांधी अपनी दस वर्ष की आयु में अपने पिता से दूर मसूरी में पढ़ रही थीं। उनके पिता पंडित जवाहरलाल नेहरू नित्य उनको पत्र लिखते। वे पत्र अब 'पिता के पत्र पुत्री के नाम' से प्रकाशित हो चुके हैं। इन पत्रों में वे भारत और भारतवासियों की कहानियाँ लिखते थे। इस प्रकार इंदिरा गांधी को भारतीय संस्कृति, इतिहास और भूगोल का ज्ञान सहज ही हो गया था और उन्हीं पत्रों से उनकी देशभक्ति की नींव सुदृढ़ होती चली गई।

13-14 वर्ष की आयु में इंदिराजी ने, जिनको बचपन में इंदु नाम से जाना जाता था, 'वानर सेना' का गठन किया और उसके माध्यम से देश और देशवासियों तथा स्वतंत्रता आंदोलन की सेवा की। उस कार्य की महत्ता का ज्ञान 26 जनवरी, 1931 को काँग्रेस के अखिल भारतीय अधिवेशन में पारित किए प्रस्ताव के निम्नलिखित वाक्यों से स्पष्ट होता है—

"हम गौरव और कृतज्ञतापूर्ण हृदय से अभिवादन करते हैं भारत की उस युवक शक्ति और वानर सेना पर, जिसे कि उसकी सुकुमार आयु भी लड़ाई में भाग लेने और अपने ध्येय पर कुर्बान होने से रोक न सकी, अपना सर्व प्रकट करते हैं।"

श्रीमती इंदिरा गांधी को भारत ने कभी जोन और आर्क के रूप में तो कभी वीरांगना लक्ष्मीबाई के रूप में देखा। भारत-पाक युद्ध में विजयश्री प्राप्त करने में और बाँग्लादेश के उदय के अवसर पर विरोधी दल के नेता श्री अटल बिहारी वाजपेयी तक ने शेर पर सवार दुर्गा का अवतार कहकर उनकी प्रशंसा की थी।

श्रीमती इंदिरा गांधी की शिक्षा अनेक स्थानों पर हुई। देश में और विदेश में भी। जब उनकी माता कमला नेहरू अपनी चिकित्सा के लिए स्विट्जरलैंड गई हुई थीं तो वहाँ भी उनकी शिक्षा का प्रबंध किया गया था। उन्होंने शांति निकेतन में भी शिक्षा पाई थी और 1940-41 में उन्होंने ऑक्सफोर्ड में भी शिक्षा प्राप्त की।

1942 मार्च में उनका फिरोज गांधी से विवाह हुआ। उसका उल्लेख हम फिरोज गांधी प्रकरण में कर आए हैं। पं. जवाहरलाल नेहरू के साथ रहने के कारण उनका राजनीति से निकट का संपर्क रहा और सन् 1959 में उन्हें

भारतीय राष्ट्रीय काँग्रेस का अध्यक्ष बना दिया गया। 1964 में पं. जवाहरलाल नेहरू की मृत्यु के उपरांत शास्त्री जी के प्रधानमंत्री बनाए जाने पर वे प्रथम बार केन्द्रीय मंत्रिमंडल में सम्मिलित हुईं और 1966 में शास्त्री जी की मृत्यु होने के बाद उन्हें ही भारत का प्रधानमंत्री बनाया गया।

अपने प्रधानमंत्रित्व काल में श्रीमती गांधी को अनेक कठिन मार्गों से गुजरना पड़ा और उसी काल में उन्होंने भारत की बहुविधि प्रगति के लिए पग भी उठाए। 1967 में थुम्बा अंतरिक्ष केंद्र से परीक्षण उपग्रह छोड़ा गया; 1975 में आर्यभट्ट छोड़ा गया। 1980 में पहला रॉकेट रोहिणी अंतरिक्ष में छोड़ा गया। सन् 1974 में पोखरण में परमाणु परीक्षण किया गया। 1982 में भारतीय अनुसंधान दल दक्षिणी ध्रुव प्रदेश पहुँचा आदि उनके प्रधानमंत्रित्व काल की विशेषताएँ थीं। इसी प्रकार उनके प्रधानमंत्रित्व काल की उपलब्धियों की संख्या अपरिमित है। यहाँ उनका उल्लेख आवश्यक नहीं।

बीस सूत्रीय कार्यक्रम, श्रमेव जयते का घोष, निर्गुट सम्मेलन, एशियाई खेल, तेल उत्पादन, बैंकों का राष्ट्रीकरण, प्रमुख उद्योगों का राष्ट्रीयकरण, विश्व शांति के प्रयत्न—इन सबका श्रेय श्रीमती इंदिरा गांधी को ही है।

श्री राजीव रत्न गांधी उनके सुपुत्र होने के नाते इन सब गतिविधियों के द्रष्टा और साक्षी रहे। अतः स्वाभाविक था कि उनमें भी इस प्रकार की योग्यता का समावेश हो। श्रीमती इंदिरा गांधी आजीवन राष्ट्र के प्रति समर्पित रहीं। राष्ट्र ने श्रीमती गांधी को राष्ट्र-माता का सम्मान देकर अपनी श्रद्धांजलि व्यक्त की।

5

राजनीति का 'कॉकपिट'

राजीव गांधी वे व्यक्ति थे जिन्हें हवाई जहाज़ उड़ाना भाता था, किंतु भाग्य ने उन्हें विश्व के सबसे बड़े लोकतंत्र के राजनीतिक 'कॉकपिट' में ला बिठाया।

संसद सदस्य बनने से पूर्व राजीव गांधी की राजनीतिज्ञों के विषय में यह धारणा थी कि वे इधर-उधर करने वाले षड्यंत्रकारी होते हैं। उनकी पत्नी का भी यही विचार था। राजीव गांधी ने एक भेंट में यह स्वयं स्वीकार किया था—"मेरी पत्नी मेरे राजनीति में जाने के सख्त विरोध में है।" अपने भाई संजय के विपरीत उनको खादी की टोपी में लज्जा लगती थी।

लगता था कि संजय की मृत्यु ने उनके भाग्य को बदल दिया था। जो इंडियन एयरलाइंस का एक एव्रो विमान का सफल कमांडर था और शीघ्र ही बोइंग उड़ाने का प्रशिक्षण लेने वाला था, उसे पायलट की टोपी को अपने भाई की वायु दुर्घटना के उपरांत टाँग देना पड़ा। जिस व्यक्ति ने एक दिन स्वयं ही कहा था—"मैं राजनीति के विषय में अधिक कुछ नहीं जानता।" नौ मास बाद उसने अनिच्छा से 'जीन' का परित्याग कर खादी को स्वीकार कर लिया। वैयक्तिक दुर्घटना इस परिवर्तन का कारण बनी और राजीव गांधी को राजनीति में लाने का जो अभियान चल रहा था, वे उसमें समाविष्ट हो गए।

इस अभियान को जब उनकी माता की सहमति प्राप्त हो गई तो कार्य सिद्ध हो गया। 11 मई, 1981 को राजीव गांधी ने काँग्रेस (ई) के नियमित सदस्य के रूप में एक रुपया देकर पीली रसीद प्राप्त कर ली। दिन निकलते गए। उन्होंने अपनी नौकरी से औपचारिक त्यागपत्र दे दिया। उन्होंने अमेठी लोकसभा निर्वाचन क्षेत्र से चुनाव लड़ने का निश्चय किया और नामांकन पत्र भर दिया।

उनका अमेठी से नामांकन पत्र भरना उनको राजनीति के चक्रव्यूह में डालने के अभियान का प्रथम संकेत था। जो भी हो, अपने भाई की मृत्यु के उपरांत राजीव गांधी ने अपने 2-ए मोतीलाल नेहरू मार्ग कार्यालय में अपने विश्वस्त साथियों को रखा और इस प्रकार दोबारा पाठ पढ़ना आरंभ किया। उनके विश्वस्त थे—दून स्कूल के उनके सहपाठी अरुणसिंह, दुर्गा प्रसाद धर के सुपुत्र विजय धर और अरुण नेहरू जो उनके चचेरे भाई भी लगते थे। अरुण नेहरू को उन्होंने संजय स्मारक-न्यास का भार देकर 12, विलिंगडन क्रिसेंट में उनका कार्यालय बनवा दिया था।

राजीव गांधी को सहयोग देने के लिए अन्य राजनीति विशारदों ने भी परोक्ष रूप से प्रयत्न किया। उनमें से थे—केंद्रीय मंत्री वसंत साठे और उपमंत्री गुलाम नबी आज़ाद, जो उनकी कृपा-दृष्टि के लिए प्रयत्न कर रहे थे।

राजीव गांधी के अमेठी के नामांकन पत्र भरने के साथ ही राजधानी में काँग्रेस पार्टी का भीतरी संघर्ष भी आरंभ हो गया था। इसमें एक ओर तो श्रीमती इंदिरा गांधी के विश्वस्त सहायक थे जिनमें फोतेदार, बबन, पार्थसारथी और रामनाथ काव आदि थे और दूसरी ओर वे लोग थे जो 2-ए मोतीलाल नेहरू मार्ग कार्यालय में कार्यरत थे।

यह संघर्ष एक ओर राजीव गांधी के विश्वस्तों के मध्य और दूसरी ओर उस टोली के मध्य था जिसे काँग्रेस के स्तंभ कहा जाता था, जिनमें बंसीलाल, विद्याचरण, कमलापति त्रिपाठी और जगन्नाथ मिश्र आदि शामिल थे। राजीव गांधी ने इस खींचातानी को देखा और वे इससे अलिप्त रहे। इसका परिणाम यह हुआ कि बिना किसी विवाद में पड़े राजीव गांधी को विजय मिली। इस प्रक्रिया में अरुण नेहरू अपने दल के साथ उभरकर आए, बलराम यादव उत्तर प्रदेश के शिक्षामंत्री और वीरबहादुर सिंह एक अन्य मंत्री, जिनके सफल प्रयत्न से राजीव गांधी को अमेठी निर्वाचन में अपार सफलता प्राप्त हुई थी जो कि संजय की विजय से भी कहीं अधिक मात्रा में थी।

राजीव गांधी के मंच पर आने के कारण यह स्वाभाविक था कि उसमें कुछ परिवर्तन आए। एल. के. झा. और बी. के. नेहरू जैसे सरकारी अधिकारी पुनः प्रमुख पदों पर नियुक्त कर दिए गए। तारिक अनवर और अब्दुल गफ़ूर जैसे कुछ अन्य व्यक्ति भी यूथ काँग्रेस के अध्यक्ष और काँग्रेस कमेटी के महामंत्री के रूप में वापस आ गए, जिससे कि मुस्लिम वोट बैंक पक्का हो

और मीर कासिम के निकल जाने से जो कमी आ गई थी उसकी सरलता से पूर्ति हो। शेख अब्दुल्ला की मृत्यु से इसमें पहले ही कुछ सहायता मिल गई थी। इसी प्रसंग में गुलाम नबी आज़ाद और आरिफ मोहम्मद को केंद्रीय मंत्रिमंडल में राज्यमंत्री के रूप में स्थान प्राप्त हो गया। यद्यपि ये दोनों ऐसे महत्वपूर्ण पद के योग्य व्यक्ति नहीं समझे जाते थे।

अमेठी ने राजीव गांधी को राजनीतिज्ञ के रूप में देखा। अमेठी से निर्वाचित होने के बाद राजीव गांधी ने अंतुले को वापस लाने का यत्न किया। अंतुले ने इंदिरा गांधी की दृष्टि में फिर से आने के लिए राजीव गांधी की चाटुकारी की थी और राजीव गांधी ने यहाँ तक कह दिया कि 'अंतुले ने जो कुछ किया उसे भ्रष्टाचार नहीं, हाँ, ऑफिशियल मशीनरी का दुरुपयोग कहा जा सकता है।'

यह राजीव गांधी की गलती थी, जिसका ज्ञान उनको शीघ्र ही हो गया और फिर चाटुकारों को अपने से दूर रखने के लिए उन्होंने बंगलौर में एफ.एम. ख़ान की खूब भर्त्सना की। यूथ काँग्रेस के अधिवेशन के अवसर पर जब आंध्र के तत्कालीन मुख्यमंत्री ने उसी प्रकार की चाटुकारिता दिखाई तो उन्होंने अपनी भी तत्काल भर्त्सना की और इस प्रकार चेन्ना रेड्डी समय से पूर्व तिरुपति से वापस आ गए।

किंतु राजीव गांधी राजनीति में नई भूमिका निर्माण कर रहे थे। जनवरी 1981 में दिल्ली में जो विशाल किसान रैली की गई थी उसके पीछे राजीव गांधी का ही मस्तिष्क था। इस प्रक्रिया में राजीव गांधी को भारतीय राजनीति के भँवर जाल का भलीभाँति ज्ञान हो गया।

राजीव गांधी के विश्व राजनीति की संक्षिप्त यात्रा में अगला मील का पत्थर नवम्बर 1983 में रखा गया। अखिल भारतीय काँग्रेस कमेटी ने कोलकाता अधिवेशन में राजीव गांधी ने यह स्पष्ट कर दिया कि वे ऐसी शक्ति हैं जिनका कोई सानी नहीं है। उस अवसर पर काँग्रेस के अन्य महासचिव पृष्ठभूमि में विलीन हो गए। जी. के. मूपनार और श्यामसुंदर महापात्र को एक ओर को स्थान लेना पड़ा। यही स्थिति कमलापति त्रिपाठी जैसे जाने-माने नेताओं की भी थी।

उसके बाद मार्च 1984 में वह समय भी आया जब राजीव गांधी ने राज्यसभा के अपने प्रतिनिधियों के चयन का कार्य किया। इस अवसर पर यह

स्पष्ट हो गया कि कौन किसके खेमे का व्यक्ति है। यहाँ तक कि राजीव गांधी ने अपने सहायक अरुणसिंह को भी राज्यसभा का सदस्य बनवा दिया था।

राजीव ने यूथ काँग्रेस के हुड़दंगियों में व्यस्त रहने या उन पर विश्वास करने की अपेक्षा अपने स्कूल के साथियों पर अधिक विश्वास किया और उनके साथ रहे। स्वयं बाहर रहते हुए उन्होंने आधुनिकीकरण की खुराक अपनी पार्टी को पिलाई। उस समय पार्टी के सेटअप में जो कम्प्युटराइजेशन हुआ उसका श्रेय राजीव गांधी को ही जाता है।

जिस प्रकार राजीव गांधी राजनीति के पचड़े से स्वयं को पृथक ही रखे रहे, उसी प्रकार उन्होंने स्वयं को नेहरू-गांधी के विवाद से भी अलिप्त रखा। किंतु उनके भाई की दुखद मृत्यु ने उन्हें राजनीतिज्ञ बना दिया और दूसरी दुर्घटना ने उन्हें भारत का विवादरहित प्रधानमंत्री बना दिया।

6

भद्रपुरुष राजनीति में

राजीव गांधी बहुत ही नम्र, उदार, सौम्य, विचारशील, सहृदय, विवादरहित, शांत, स्पष्ट, स्वच्छ और बहुत मधुरभाषी व्यक्ति थे। यदि भाग्य ने पलटा नहीं खाया होता तो वे विमान उड़ाते हुए; अपने बच्चों के साथ खेलते-कूदते, उनके चित्र उतारते; अपने मित्रों के साथ शाम का समय बिताते। उन मित्रों के साथ जो स्कूली जीवन में बने, या फिर विमान संचालन की अवधि में बने; कभी वर्ष में एक बार जिम कार्बेट नेशनल पार्क में या कभी किसी ऐसे ही अन्य स्थान पर छुट्टियाँ बिताने जाते। इस प्रकार विवाद से परे रहकर अपना सुखद जीवन चलाते। किंतु जब कि वे केवल 40 वर्ष के ही हुए थे, उन पर प्रधानमंत्री के रूप में संसार के देश का भार आ पड़ा था।

राजनीति में प्रवेश पर चर्चा करते हुए अगस्त 1980 में उन्होंने कहा था—"यदि मैं इस ओर देखूँ तो यही लगता है कि किसी भी प्रकार से मम्मी की सहायता की जानी चाहिए।" इस प्रकार आरंभ में वे अपनी माता के सहायक के रूप में राजनीति में प्रविष्ट हुए। उसके बाद उन्होंने लोकसभा का चुनाव लड़ा और जीता। तब वे सांसद बन गए और राजनीति में उनकी रूचि और गहरी हो गई। उसके बाद जब वे काँग्रेस (आई) के महासचिव बन गए तो फिर तो बहुत कुछ भार उन पर आ पड़ा। इस प्रकार एक भद्रपुरुष राजनीति का प्रभावशाली मोहरा बन गया था। तत्पश्चात् उन्हें संसार के विशालतम जनतंत्र का शासन मिल गया था जिसे उन्हें साथ रखना था, आगे बढ़ाना था और उन करोड़ों-करोड़ों लोगों के जीवन को आशा दिलानी थी जो अब तक निराश हो रहे थे।

राजीव गांधी बाल्यकाल में और अपने स्कूल के दिनों में बड़े ही शर्मीले

स्वभाव के थे। कक्षा में भी यही सुना जाता था कि वे पीछे बैठने में सुविधा का अनुभव करते थे। वे खेल भी ऐसे ही खेलते थे जो कि आपा-धापी के न हों और कभी-कभी मौका मिल जाए तो नियम तोड़कर दो-चार दाने लीची के तोड़ लिए। किंतु साधारणतया वे इस प्रकार की बातों से दूर ही रहा करते थे। उनके छोटे भाई संजय ने तो किसी बात पर नाराज़ होकर एक बार अपने दोस्त का टेनिस रैकेट ही तोड़ दिया था। किंतु राजीव न तो किसी प्रकार की उमंग में शामिल होते न किसी प्रकार की तोड़-फोड़ में। उन्हें उनके साथी पसंद तो करते थे किंतु वे उनमें किसी प्रकार की चर्चा का विषय नहीं होते थे। उन्होंने 1960 में द्वितीय श्रेणी में सीनियर कैम्ब्रिज की परीक्षा उत्तीर्ण की। उस समय उन्हें देखकर कोई भी यह नहीं कह सकता था कि किसी दिन यह लड़का इतने बड़े देश का प्रधानमंत्री बनेगा।

उसके बाद वे लंदन के इम्पीरियल कॉलेज में चले गए। एक वर्ष के बाद उनको कैम्ब्रिज के ट्रिनिटी कॉलेज में भेज दिया गया, जहाँ उन्होंने मैकेनिकल इंजीनियरिंग का कोर्स आरंभ किया। जब उनसे किसी ने शैक्षणिक योग्यता के बारे में पूछा तो कह दिया—"वास्तव में मैंने कभी कुछ पढ़ा ही नहीं।" इधर उनकी माँ अपने बेटे संजय को लिखा करती थीं कि वह अपने बड़े भाई का ख्याल रखे।

उन दिनों इंग्लैंड में रुपये की स्थिति कमज़ोर थी। विदेशी मुद्रा प्राप्त करना कठिन था। केवल 620 पौंड वार्षिक मिलते थे जिनमें से 450 पौंड तो फीस और बोर्डिंग लॉजिंग में ही चले जाते थे। उसके बाद फिर बचता ही क्या था। इसलिए राजीव गांधी ने वहाँ आइसक्रीम बेची, एक फैक्टरी में काम किया, फिर किसी बेकरी में काम किया। वहाँ उन्होंने बेकिंग में रिकॉर्ड कायम कर पुरस्कार भी प्राप्त किया। उन्होंने फल तोड़ने का काम भी किया। किंतु जिसको कार मिली वह संजय थे, जो कि वहाँ क्रीव में रोल्स रॉयस में काम सीख रहे थे।

राजीव दिखने में सुंदर थे, अतः लड़कियाँ उन्हें पसंद करती थीं। किंतु वे उनके साथ निःस्वार्थ भाव से मिला करते थे और उनके साथ में उनके पुरुष मित्र भी होते थे। वे पब्स में उनके साथ जाते अवश्य थे किंतु कभी उन्होंने वहाँ कुछ पिया नहीं। वे कोला से ही प्रसन्न रहते थे। वे भारत के विषय में अपने साथियों के साथ वाद-विवाद भी करते थे। विश्वविद्यालय में वामपंथियों की जो यूनियन होती थी उससे वे सदा अलग ही रहे। उस समय पश्चिम में

बीटल की लहर चली थी, वे उससे भी अलग ही रहे। उन्हें सोचना पड़ता था कि डिनर जैकेट के बिना हाई कमिश्नर के यहाँ डिनर पर किस प्रकार जा पाएँगे। किंतु उनके मित्रों ने उनकी सहायता की और बिना किसी अभिमान के वे वहाँ जा पहुँचे। ऐसी ही एक पार्टी में उन्हें सोनिया मिल गईं, जो वहाँ अंग्रेजी भाषा का कोर्स करने के लिए इटली से आई हुई थीं। एक बार पंडित नेहरू के सचिव स्वर्गीय मथाई ने व्यंग्य में लिखा भी था कि यही एक अच्छा काम था जो राजीव ने कैम्ब्रिज में किया था। राजीव ने इसके उत्तर में कहा था—"मैं भी कुछ ऐसा ही सोचता हूँ।"

संजय यद्यपि उनके छोटे भाई थे, लेकिन उन्होंने कभी उनके विषय में अधिक छानबीन नहीं की। यहाँ तक कि जब वे रोल्स रॉयस कम्पनी में काम सीख रहे थे; उन्होंने जानने की इच्छा नहीं की कि वे क्या सीख रहे हैं? या मारुति का काम शुरू होने पर उन्होंने मारुति के विषय में भी अधिक पूछताछ नहीं की। वे समझते थे कि किसी चीज की नकल कर लेना कदाचित् एक बात है और उसको बनाकर दिखाना बिल्कुल ही दूसरी बात है, जोकि कठिन भी है। जो भी हो उन्होंने तथा उनके परिवार ने मारुति के हिस्से (शेयर) खरीदे और सोनिया मारुति के दो विभागों में मैनेजिंग डायरेक्टर के रूप में ढाई हज़ार और दो हज़ार वेतन लेती रहीं और लाभ पर उनका कमीशन भी निर्धारित था। बाद में राजीव गांधी ने कहा कि केवल सोनिया का नाम ही बीच में घसीटा गया था किंतु उन्होंने वास्तव में वहाँ न कोई काम किया और न ही उनको वहाँ से किसी प्रकार कोई वेतन मिला। किंतु सोनिया ने वहाँ से वेतन लिया और वे उस कंपनी की एजेंट भी थीं जो मारुति कारों का बीमा करने के लिए नियत थी। इस प्रकार के विवाद के अतिरिक्त दोनों भाइयों के परिचितों और मित्रों का दायरा बिल्कुल ही अलग था, जिनमें राजीव के मित्रों में पूर्व राजकुमार, व्यापारी या कंपनी अधिकारी होते थे जो उनके छोटे भाई की ओर अधिक ध्यान नहीं देते थे।

स्कूल की शिक्षा समाप्त होते ही राजीव ने कुछ ग्लाइडिंग सीखी और फिर इंग्लैंड जाकर कुछ उड़ान भी भरी। कैम्ब्रिज पास करने के बाद जब वे भारत लौट कर आए तो सरकार द्वारा सहायता प्राप्त; 10 रुपए प्रति घंटे के हिसाब से उड़ान भरने और सीखने से पूर्व उन्होंने दिल्ली फ्लाइंग क्लब में प्रवेश परीक्षा उत्तीर्ण की थी। किंतु प्राइवेट पायलट और कमर्शियल पायलट के लाइसेंस का झगड़ा उन्हें नहीं झेलना पड़ा। प्रशिक्षण प्राप्त करते ही इंडियन

एयरलाइंस में उन्हें विमान चालक का कार्य मिल गया और कंपनी ने उनकी प्रशंसा भी की। जल्दी ही वे एव्रो विमानों के पायलट बना दिए गए और इसमें भी संदेह नहीं कि यदि वे विमान चालक के कार्य पर जुटे रहते तो शीघ्र ही बहुत ऊँचे पद पर पहुँच जाते। 1980 में उनको बोइंग विमान का संचालन मिलने वाला था।

पायलट के रूप में भी उनको किसी से कोई खास शिकायत आदि नहीं रहती थी। यद्यपि उनको अधिक समय व्यस्त रहना पड़ता था फिर भी उन्होंने कभी इस विषय में किसी से शिकायत नहीं की।

संगीत के विषय में उनकी रुचि उदार थी। उन्हें तत्कालीन पॉप संगीत के साथ-साथ भारतीय और पाश्चात्य क्लासिकल म्यूजिक भी पसंद था। उनका 1, सफदरजंग रोड का कमरा सदा ही इलेक्ट्रॉनिक मैगजीन, प्रख्यात विज्ञान साहित्य, उच्च कोटि की तकनीकी पत्र-पत्रिकाओं आदि से भरा रहता था। किंतु उनकी किताबों की अलमारी में शायद ही इतिहास और फिलोसॅफी की कोई पुस्तक दिखाई दी हो। यहाँ तक कि वे अपने वीडियो पर माइक्रोचिप फिल्में ही देखा करते थे।

राजनीति में धकेल दिए जाने के बाद भी उनकी विवादरहित 'भले-भाई' की छवि बनी रही। राजनीति में भी उन्होंने पहले पूर्णतया अपने ढंग से ढलने का यत्न किया। सावधान, अनुशासनप्रिय, अधिक कार्य करना जिससे कि अन्य कार्यकर्त्ताओं की बराबरी पर खड़े हो सकें। जैसे कि विमान चालक के मैनुअल का पालन कर रहे हों। किसी दूसरे को ढीला करने की अपेक्षा स्वयं को सुदृढ़ करना, किंतु जब उन्होंने चुनाव लड़ा और वे क्रियात्मक राजनीति में प्रविष्ट हुए तो उस समय उनको पता चला कि राजनीति क्या होती है। वे अपने निर्वाचन क्षेत्र अमेठी में 200 करोड़ रुपये की लागत से 200 कि.मी. की पाइप लाइन डलवाना चाह रहे थे जिससे कि वहाँ खाद का कारखाना स्थापित किया जा सके। लेकिन उनकी विपक्षी, उनकी अनुज-वधू इस सबमें कुछ और ही देख रही थीं और उसी प्रकार मतदाताओं में प्रचार भी कर रही थीं। मुख्यमंत्रियों तथा कैबिनेट मंत्रियों का उनकी प्रतीक्षा में खड़ा रहना उनको कतई गवारा नहीं था। वे स्वयं को पार्टी के एक कार्यकर्त्ता से अधिक कुछ नहीं मानते थे।

जब अंतुले कांड हुआ था तो उन्होंने निजी तौर पर कहा था कि ' किसी भी चीज की कोई सीमा होती है। आप अपने कालीन के नीचे कितना ही दबा लें किंतु सत्य सामने प्रकट हो ही जाता है।' इसके विपरीत जब

अगस्त–सितम्बर 1984 में आंध्र में एन.टी. रामाराव प्रकरण हुआ था तो उस समय भास्कर राव द्वारा विश्वासघात किए जाने पर उन्होंने एक शब्द भी उनके विरोध में नहीं कहा और न ही अपने पार्टी वालों को कुछ कहा। यहाँ तक कि राज्यपाल रामलाल के कार्य को मंद–मंद संरक्षण दिया गया और भास्कर राव की अल्पमतीय सरकार को प्रोत्साहन दिया गया। जब कर्नाटक के वीरप्पा मोइली पर यह आरोप लगाया गया कि उन्होंने जनता विधायकों को खरीदने का प्रयास किया तो उस समय भी चुप्पी ही छाई रही।

जो राजीव गांधी अपने निजी जीवन में बड़े सीधे–सादे दिखाई देते थे, राजनीति में आते ही वे भी उसी प्रकार की बातें करने लगे थे जो कि राजनीति से संबंधित व्यक्ति किया करते हैं। उन्होंने भी विपक्ष पर उसी प्रकार आरोप लगाने आरंभ किए कि वे विदेशी ताकतों के साथ मिलकर सरकार को गिराने का कार्य कर रहे हैं। उनकी माता श्रीमती इंदिरा गांधी द्वारा पाकिस्तानी आक्रमण के भय को विपक्ष द्वारा चालबाजी बताए जाने पर उन पर आरोप लगाना, यहाँ तक कि भिंडरावाले के कृत्यों की निंदा करना तो दूर उसको उन्होंने धार्मिक नेता की पदवी से भी विभूषित किया था। जम्मू–कश्मीर के विधानसभा चुनाव के अवसर पर फारूख अब्दुल्ला के साथ उन्होंने सीटों का तालमेल किया था और उसी प्रकार महाराष्ट्र में भी कुछ-न-कुछ किया तथा उन लोगों को संरक्षण दिया जो विघटनकारी तत्त्व थे। इस प्रकार अनेक उदाहरण बाद में देखने को मिलते रहे।

इसी प्रकार इटली से व्यापार के संबंध में भी कुछ बातें थी जोकि उल्लेखनीय बन गईं। इटली की कंपनी की सहायता से भारत में जो यूरिया के कारखाने लगाने का प्रस्ताव था, उसमें राजीव गांधी और सोनिया ने मित्रता को निभाया था; इसमें दो मत नहीं रह गए। इसी प्रकार इससे पूर्व अमेरिका की एक कम्पनी ने अमोनिया प्लांट लगाने की पेशकश की थी किंतु उसे अस्वीकार कर दिया गया था जबकि इटली की कम्पनी के डेनिश सहयोगी हेल्डर टौप्सी को वह ठेका दिला दिया गया। किंतु इससे राजीव गांधी को किसी प्रकार का आर्थिक लाभ हुआ हो, ऐसी कोई बात नहीं थी।

———

7

मिस्टर क्लीन

सन् 1984 के जनवरी माह में राजीव गांधी ने बैकों द्वारा जन–साधारण को ऋण दिए जाने के कार्य की समीक्षा के लिए अपने कार्यकर्त्ताओं को नियुक्त किया, जिससे कि काँग्रेस (आई) के नेता और कार्यकर्त्ता प्रसिद्धि प्राप्त कर सकें किंतु यह बैंकिंग नियमों के सर्वथा विरुद्ध था। भले ही संजय से उनके कार्य करने की पद्धति कुछ भिन्न रही हो किंतु उनमें बहुत अंशों में समानता भी थी। जिस प्रकार संजय को चाटुकारों से लगाव था, जो कि पार्टी कार्यकर्त्ताओं से अधिक विश्वस्त माने जाते थे, उसी प्रकार राजीव की भी कार्य पद्धति थी। वे भी विश्वास करते थे कि किसी न किसी प्रकार पार्टी में और सरकार में भी, अपना स्थान होना चाहिए। अपने आरंभिक तीन वर्ष के राजनीतिक जीवन में 'मिस्टर क्लीन' अब अनुभव करने लगे थे कि उनकी छवि कुछ 'धूमिल' हो गई है।

राजीव ने अपनी पार्टी को समझने में, उसके कमज़ोर स्थलों को पहचानने और ढूँढ़ने में, स्थानीय चुनौतियों को देखने में, पार्टी कार्यकर्त्ताओं का परिचय प्राप्त करने और निर्वाचन की तैयारी करने में बड़ा कठोर परिश्रम किया था। तथापि जिस प्रकार संजय गांधी भारतीय राजनीति में पाँच वर्ष में बहुत बड़ा परिवर्तन, भले ही वह निष्कृष्टतम क्यों न रहा हो, लाने में सफल हो गए थे; जबकि राजीव गांधी का प्रभाव अभी भारतीय राजनीति पर उस रूप में नहीं हो पाया था। लोग जानने और पहचानने तो लगे थे लेकिन उनके मुख खोलते ही शब्द पकड़ने के लिए दौड़ पड़ने की स्थिति अभी नहीं आ पाई थी।

जो भी हो, राजीव गांधी ने यह तो अपने कृत्यों से सिद्ध कर ही दिया था कि जब कभी भी आवश्यकता पड़े तो वे कठोर भी हो सकते हैं।

इंदिरा गांधी की हत्या के बाद दिल्ली में हुए दंगों के कारण दिल्ली की व्यवस्था को ठीक न कर पाने के अपराध में दिल्ली के उपराज्यपाल को विदा करने में राजीव गांधी के ही आदेश से काम हुआ था। उसी प्रकार एफ. एम. ख़ान को पार्टी से निकालने में भी राजीव गांधी की इच्छा ही प्रमुख रही थी, यद्यपि उस समय तो श्रीमती इंदिरा गांधी भी जीवित थीं। अपने सार्वजनिक भाषणों में राजीव ने पंजाब के साथ सख़्ती से पेश आने की बात कही थी, उन्होंने शिरोमणि गुरुद्वारा प्रबंधक कमेटी को भी निर्देश दिया था कि अकाल तख़्त उनको वापस करने से पूर्व उनकी ओर से लिखित आश्वासन प्राप्त होना आवश्यक था। कभी-कभी उनकी यह कठोरता उनके लिए हानिकारक भी हो जाती थी, जैसा कि तमिलनाडु में किसी भी 'कज़गम' पार्टी से गठबंधन किए बिना वहाँ चुनाव लड़ने की तैयारी करना। किंतु राष्ट्रीय क्षति के समय उनके शांत चेहरे पर जो भाव झलकते रहे थे, उससे यह सिद्ध होता था कि उनमें सहन करने की भी शक्ति थी, जोकि इससे पूर्व उनमें दिखाई नहीं दे रही थी। 1980 के निर्वाचन के बाद बहुत कुछ करने में उन्हें सफलता मिली थी और आशा की जाती थी कि शेष भी करने में वे सफल होंगे।

1980 के बाद उनके निर्देशानुसार जो परिवर्तन हुए उससे यह भी स्पष्ट हो जाता है कि राजीव गांधी के विचार करने की दिशा क्या है और भविष्य में उनसे किस प्रकार की अपेक्षा की जानी चाहिए। यह तो निश्चित था कि उनका अधिकतर रुझान तकनीकी प्रगति और आधुनिकीकरण की ओर अधिक था। यह राजीव गांधी और उनके सलाहकारों का ही सोचना था कि भारत तेल के उत्पादन में प्रगति करे जिससे कि तेल के आयात पर व्यय होने वाली विदेशी मुद्रा किसी प्रकार बचाई जा सके और देश में तेल के मूल्य भी ठीक किए जा सकें। यह फ्रेंच कंपनी के प्रभाव से हो या न हो, इस विषय में विवाद करने की आवश्यकता नहीं थी किंतु जो बात जानने और समझने की थी वह यह कि तेल उत्पादन में वृद्धि हुई थी।

राजीव गांधी का इलेक्ट्रॉनिक में बड़ा विश्वास था। यही कारण था कि सन् 1983 के मध्य में उनकी ही प्रेरणा में इसमें महान् परिवर्तन का सुझाव आया था जिसमें कि एक्साइज और कस्टम ड्यूटी कम करने की बात थी और इलेक्ट्रॉनिक्स की मार्किट को विशेषतया टेलीविज़न को बढ़ावा देने का कार्य आरंभ हुआ। जब एक सार्वजनिक प्रतिष्ठान के किसी बड़े अधिकारी ने उन्हें सुझाव दिया था कि लो-पॉवर ट्रांसमीटर बड़ी शीघ्रता से और कम मूल्य पर

टी.वी. नेटवर्क को विस्तार दे सकते हैं जो कि दूरदर्शन की पहुँच के भीतर रहेंगे तो यह विचार उनको पसंद आया और तुरंत ही उसको स्वीकार कराकर बजट में उसके लिए विशेष प्रावधान की व्यवस्था की गई थी।

भारत में दूरभाष की व्यवस्था बड़ी ढीली थी। इससे दूसरे देशों के साथ संबंधों में कमी आती थी। राजीव गांधी इससे परिचित थे और उनका टेलिकम्युनिकेशन को आधुनिक रीति से ढालने का यही प्रयोजन था कि इस क्षेत्र में अपेक्षाकृत सुधार लाया जाए और जब एक प्रवासी भारतीय ने जो इलेक्ट्रॉनिक टेलिकम्युनिकेशन के मामले में विशेषज्ञ माना जाता था, राजीव गांधी को कहा कि वह भारतीय टेलिकम्युनिकेशन को अप-टू-डेट करने में सहायक होना चाहता है और उसका यह प्रयत्न भी देशी उपकरणों के आधार ही होगा तो राजीव गांधी ने यत्न किया कि श्रीमती गांधी से उनकी भेंट करा दी जाए और उस भेंट के समय अधिकांश प्रश्न या जानकारी प्राप्त करने वाले राजीव गांधी ही थे। बस शीघ्र ही योजना को स्वीकार कर लिया गया और उसके लिए निर्धारित अनुपात में बचत भी निर्धारित कर दिया गया तथा इसका प्रचार-प्रसार भी होने लगा।

1982 में जब नई दिल्ली में एशियाई खेलों का आयोजन किया गया तो उस समय भी राजीव गांधी ने यह सिद्ध कर दिया कि वे भी कुछ करना जानते हैं, किंतु अपने ही प्रकार से जोकि अन्य लोगों से निराला था। जब किसी ने उनसे इस संबंध में प्रश्न पूछा कि क्या उन्होंने इस कार्य को दुगने उत्साह से और कम समय में संपन्न करवाने के लिए डंडे का प्रयोग किया था? तो विशेष प्रकार के मूड में राजीव गांधी ने उत्तर दिया—"हमने किसी भी व्यक्ति को वह काम करने के लिए नहीं कहा जोकि उसके करने के लिए नहीं था। इस काम में वह सब नियम, उप-नियम तथा पद्धतियाँ जारी रहीं जोकि एक बार निर्धारित कर दी गई थीं। बस केवल पद्धति के कार्यान्वयन में किसी प्रकार की गड़बड़ी न हो जिससे कि समय पर काम हो सके, इसके लिए हमने तत्परता से काम लिया।"

इन सब बातों के लिए एक तरीका अपनाया गया था, कभी-कभी तो बहुत छोटी-छोटी बातों के लिए भी। जिस प्रकार कि टूरिज्म, वन्य प्राणी संरक्षण, वायुप्रदूषण, पर्यावरण, वन संरक्षण, कला और संस्कृति की विरासत के लिए राष्ट्रीय न्यास की स्थापना, यहाँ तक कि गंगा की शुद्धि तथा वाराणसी के घाटों की सफाई आदि का कार्य था। इस प्रकार यह यत्न किया गया कि

शेष संसार के साथ भारत किस प्रकार बराबरी कर सकता है, इसमें पेड़ों का संरक्षण, वायु प्रदूषण रोकना और सिंह जाति की सुरक्षा का प्रबंध करना नितांत आवश्यक था। किसी स्टेडियम को बनाने में करोड़ों रुपये लगते हैं, उसी प्रकार फ्लाई-ओवर और पाँच सितारा होटल बनाने में व्यय करना भी उपयुक्त ही है तथा विदेशी तकनीक और विदेशी मुद्रा का निर्बाध आगमन देश के आधुनिकीकरण में काम आने वाले उपकरणों के रूप में आवश्यक है।

राजीव गांधी चाहते थे कि जो टेक्नोक्रेट हैं उन्हें उचित पारिश्रमिक दिया जाना चाहिए। उनका कहना था कि इनसे तो 'पानवाले' ही अधिक कमा लेते हैं। सार्वजनिक प्रतिष्ठानों में कार्य करने वाले अधिकारियों को उतना तो मिलना ही चाहिए जितना कि उसी कार्य के लिए निजी प्रतिष्ठानों में दिया जाता है जिससे कि उनसे ज़िम्मेदारी से काम लिया जा सके। शिक्षा पद्धति में आमूलचूल परिवर्तन की आवश्यकता है, क्योंकि भूतकाल में इस दिशा में बहुत बड़ी गलतियाँ की जाती रही हैं। इसी प्रकार निजी उद्योगों को स्वतंत्रता से कार्य करने की सुविधा प्राप्त होनी चाहिए। उनके विविध प्रकार के सरकारी नियमों की कड़ाई का वैसा प्रतिबंध नहीं होना चाहिए। इस प्रक्रिया में भूमिहीन किसानों की समस्या; जातिवाद; आदिवासियों की समस्या जिन्हें वन में उत्पादन का लाभ प्राप्त नहीं हो रहा है; झुग्गी-झोंपड़ी निवासियों की समस्या जिन्हें फ्लाई ओवर की अपेक्षा शौचालयों की अधिक आवश्यकता है—इन समस्याओं पर विशेष ध्यान देने की आवश्यकता पर राजीव गांधी सदा बल देते रहे। राजीव मध्य वर्ग के प्राणी को भी भूलना नहीं चाहते थे, जो समाज के सामाजिक और आर्थिक व्यवस्था की रीढ़ की हड्डी समझे जाते हैं। उद्योगपति और कंपनी एक्जीक्यूटिव तो सदा से ही राजीव गांधी के आभारी रहे हैं।

राजीव गांधी के मन में अनेक योजनाएँ थीं और जब उन्हें प्रधानमंत्री का पदभार प्राप्त हो गया तो वे धीरे-धीरे इन समस्याओं की ओर ध्यान देकर इनका समाधान निकालने का प्रयास करने लगे।

1980 के राजीव गांधी और 31 अक्टूबर, 1984 के राजीव गांधी में बहुत अंतर देखा गया था। 31 अक्टूबर, 1984 के राजीव उनसे सर्वथा भिन्न थे और उसके बाद के राजीव गांधी एक अलग आभा से युक्त थे।

प्रधानमंत्री बनते ही राजीव गांधी ने चुनाव की घोषणा करवा दी। भले ही कोई उसे इस दृष्टि से देखे कि उस समय मतदाता की सहानुभूति उनके

साथ थी, अतः अवसर का तुरंत लाभ उठाने के लिए उन्होंने यह घोषणा करवाई थी। तथापि चुनाव तो होने ही थे। तत्कालीन लोकसभा का कार्यकाल 20 जनवरी, 1985 तक ही था। उसके बाद जो परिवर्तन आने थे, वे कोई अधिक बड़े या विस्मयकारी नहीं होने थे। इसमें कोई संदेह नहीं था राजीव राजनीति में नए थे और प्रशासन में तो एकदम नए, इसलिए जब तक उन्होंने राजनीति की इन उलझी हुई रस्सियों पर चलना सीख नहीं लिया तब तक वे अपने पुराने साथियों की सहायता लेते रहे और इस प्रकार अनुभव प्राप्त करते रहे।

उस समय उनका जो मंत्रिमंडल था, वह मुख्यतया पुराना ही था। इसमें साधारण-सा ही परिवर्तन उन्होंने किया था। आरंभ से ही राजीव गांधी ने रेलवे मंत्रालय के दो मंत्रियों को जिनमें कभी एकता नहीं रही, अलग-अलग विभाग सौंपकर अपनी त्वरित बुद्धि का परिचय दिया था। प्रधानमंत्री बनने से पूर्व भी राजीव गांधी ने राज्यपालों की गतिविधियों पर भी अपना क्षोभ व्यक्त कर दिया था। इसी प्रकार विभिन्न संस्थानों और संस्थाओं से भी उनको बहुत शिकायतें रही थीं। प्रधानमंत्री बनते ही उन्हें अपनी नीतियों को प्रभावी रूप से लागू करने का अवसर प्राप्त हो गया था।

राजीव जब तक मंत्रिमंडल में नहीं थे, तब तक वे समस्याएँ खोजते रहते थे, उनका समाधान उनका कार्य नहीं था। किंतु जब वे प्रधानमंत्री के पद पर आरुढ़ हुए तो उन्होंने इन समस्याओं का समाधान करना भी आरंभ कर दिया।

राजीव गांधी के संबंध में जो भी सूचनाएँ और जानकारी भारतीय जनता को समय-समय पर प्राप्त होती रहीं, उनके आधार पर ही वे राजीव गांधी को जन नेता के रूप में स्वीकार करने लगी थी। अब उनकी दृष्टि भविष्य के भारत पर थी।

8

इंदिरा के उत्तराधिकारी

जब श्रीमती इंदिरा गांधी का पार्थिव शरीर अखिल भारतीय आयुर्विज्ञान संस्थान की आठवीं मंज़िल की ऑपरेशन थियेटर की टेबल पर रखा हुआ था, उसी समय बड़ी शीघ्रता और बड़ी शांति से भारत के युवा प्रधानमंत्री को पद और गोपनीयता की शपथ दिलाई जा रही थी। वहाँ से एक नए युग का सूत्रपात हुआ और वहीं से काँग्रेस (आई) में एकता के विषय में जो संदेह थे वे भी मिट गए।

कुछ लोगों का यह कहना था कि उप.राष्ट्रपति आर. वेंकटरमण और जी. पार्थसारथी ने नए प्रधानमंत्री के चयन में महत्वपूर्ण भूमिका निभाई थी। प्रधानमंत्री पद के दो दावेदार—प्रणव मुखर्जी और नरसिम्हा राव, उस समय दिल्ली से बाहर थे, इसलिए यह कार्य और भी सरल हो गया था।

दोपहर के समय आयुर्विज्ञान संस्थान में ही इंदिरा गांधी के उत्तराधिकारी के विषय में चर्चा आरंभ हो गई थी। उस समय वहाँ डॉ. पी. सी. अलेक्जैंडर, अरुण नेहरू, शिवशंकर, बूटासिंह, आर.के. धवन, जी. पार्थसारथी, गुलाम नबी आज़ाद, आर. वेंकटरमण और बी. शंकरानंद विद्यमान थे। राजीव गांधी के एक निकटतम व्यक्ति ने सर्वप्रथम पार्थसारथी और वेंकटरमण के कान में प्रधानमंत्री पद के लिए राजीव गांधी के नाम का सुझाव दिया था। वेंकटरमण ने वहाँ उपस्थित व्यक्तियों से इस विषय में साधारण चर्चा की तो किसी को भी इसमें आपत्ति नहीं दिखाई दी, यह उस वार्ता का प्रथम दौर था।

नरसिम्हा राव लगभग 2 बजे दिन में अस्पताल में पहुँचे थे। जब इंदिरा गांधी के विषय में उन्होंने प्रारंभिक जानकारी प्राप्त कर ली तो उन्हें उनके उत्तराधिकारी के विषय में बताया गया। राव ने उसी समय इसे स्वीकार कर

लिया। इससे स्थिति और सरल हुई। यह इस विचार-विनिमय का दूसरा दौर था। अब सिर्फ प्रणव मुखर्जी ही एकमात्र संभावित उम्मीदवार रह गए थे। वे राजीव गांधी के साथ ही पश्चिम बंगाल के दौरे से वापस आने वाले थे। काँग्रेस पार्टी के एक वयोवृद्ध सदस्य के कथनानुसार, 'श्री राजीव गांधी की उपस्थिति में प्रणव एक प्रकार से बंदी से बन गए थे। यदि कोई उनके नाम का सुझाव करता भी तो अब इससे वह थोड़ा-सा अवसर भी समाप्त हो गया।'

राजीव गांधी और प्रणव मुखर्जी साढ़े तीन बजे के करीब अस्पताल पहुँचे। तब तक राजीव गांधी के नाम पर सहमति हो चुकी थी। तद्नुसार उनको इस निर्णय की सूचना दे दी गई। राजीव गांधी ने स्वीकार कर लिया। प्रणव ने केवल सिर हिला दिया। यह इस विचार-विनिमय का अंतिम दौर था।

अब आयुर्विज्ञान संस्थान की बजाए 1, अकबर रोड पर हलचल आरंभ हो गई थी। कैबिनेट मिनिस्टर, मुख्यमंत्री और पुराने पार्टी सदस्य प्रतीक्षा कर रहे थे। केंद्रीय संसदीय समिति की बैठक चल रही थी। जो बाहर प्रतीक्षा कर रहे थे वे विश्वास कर रहे थे कि उत्तराधिकारी के विषय में निर्णय दिया जा रहा होगा। केंद्रीय संसदीय समिति के 5 में से केवल दो सदस्य—राव और प्रणव उस बैठक में उपस्थित थे। कमलापति त्रिपाठी वाराणसी से वापस नहीं आ पाए थे। जो दो अन्य व्यक्ति इस समिति की बैठक में उपस्थित थे, वे थे समिति के सचिव जी. के. मूपनार और सीताराम केसरी।

आधे घंटे तक बंद कमरे में बैठक करने के उपरांत चारों कमरे से बाहर निकले। उस समय प्रतीक्षा कर रहे मंत्रियों और मुख्यमंत्रियों आदि को पी.सी. अलेक्जैंडर ने बताया कि उसी दिन सायंकाल को नए प्रधानमंत्री शपथ ग्रहण करेंगे और श्रीमती गांधी के मंत्रिमंडल में जो सदस्य थे, नए प्रधानमंत्री उनको बनाए रखेंगे। उस समय राजीव गांधी के नाम का उल्लेख किया ही नहीं गया।

अलेक्जैंडर की घोषणा सुनकर जिन्हें राष्ट्रपति भवन जाना था, वे वहाँ के लिए चल दिए। उसी समय श्री मूपनार के हस्ताक्षरों से एक पत्र राष्ट्रपति को, जो उसी सायंकाल विदेश यात्रा से वापस पहुँचे थे, पार्टी के निर्णय के बारे में सूचित करते हुए दिया गया। राष्ट्रपति ने तुरंत अपने सलाहकारों से सलाह-मशविरा किया। 15-20 मिनट बाद ही उन्होंने शपथ ग्रहण समारोह के प्रबंध के लिए आदेश जारी कर दिए। जब राष्ट्रपति और राजीव गांधी लगभग साथ-साथ

समारोह स्थल पर आए तो उस समय स्थिति स्पष्ट हो पाई। उसी समय वहाँ पर उपस्थित लोगों को यह आभास हुआ कि राजीव गांधी को नए प्रधानमंत्री के रूप में शपथ दिलाई जा रही है।

एक अन्य क्षेत्र से ज्ञात हुआ था कि अपनी विदेश यात्रा में राष्ट्रपति ज्ञानी जैलसिंह को जब विदित हुआ कि श्रीमती इंदिरा गांधी का निधन हो गया है और वे विमान से वापस दिल्ली आ रहे थे तो उन्होंने अपने मन में राजीव गांधी को प्रधानमंत्री बनाने का निश्चय कर लिया था। राष्ट्रपति के साथ यात्रा करने वाले एक पत्रकार ने इस समाचार की पुष्टि भी की थी। राष्ट्रपति जब अपने सचिव बंद्योपाध्याय को प्रधानमंत्री के चयन के संबंध में अपने विचार बता रहे थे तो उसने भी सुन लिया था।

पिछले मंत्रिमंडल को तब आश्चर्य हुआ जब पी.सी. अलेक्जैंडर के आश्वासन को कि उन्हें पूर्ववत् मंत्रिमंडल में रखा जाएगा, पूर्ण नहीं किया गया। जिस समय दरबार हॉल में बैठने की व्यवस्था की जा रही थी, उसी समय वह संदेह उत्पन्न हो गया था। नरसिम्हा राव, प्रणव मुखर्जी, शिवशंकर और बूटासिंह बिल्कुल अलग बैठे थे। राजीव गांधी के शपथ ग्रहण के उपरांत उनको शपथ दिलवाई गई। वफादारों ने तो इसे केवल 'समय की बात' समझा क्योंकि यदि सभी मंत्रियों को उस समय शपथ दिलाई जाती तो इसमें कम-से-कम 4 घंटे का समय लग जाता। ऐसा समझा जाता है कि अन्य मंत्रियों को शपथ दिलाने के कार्य में जान–बूझकर विलम्ब किया गया था, क्योंकि राजीव गांधी सभी मंत्रियों को अपने मंत्रिमंडल में लेने या न लेने के विषय में विचार करना चाहते थे। जब सेठी, रथ और राय को नहीं लिया गया तो इससे उस सम्भावना की पुष्टि हो गई।

जानकार सूत्रों का कहना है कि राजीव गांधी का चयन एक तो इस कारण सरल हो गया था कि श्रीमती इंदिरा गांधी की मृत्यु से उत्पन्न कमी को जो पूर्ण कर सकता था, वह दिल्ली में उपस्थित नहीं था और दूसरे जिस किसी भी संसद सदस्य को सम्भावित उत्तराधिकारी के विषय में बताया गया तो उसने इस भय के कारण कुछ नहीं कहा कि यदि राजीव गांधी प्रधानमंत्री बनाए जाते हैं तो फिर उनकी स्थिति खतरे में पड़ जाएगी। हाँ, एक बात पर काँग्रेसजन में मतभेद था। वह यह कि कोई सामयिक प्रधानमंत्री नियुक्त कर दिया जाए या सीधे ही नेता का चुनाव कर दिया जाए। केंद्रीय संसदीय समिति की बैठक ने निर्णय को औपचारिकता का रूप दे दिया। यह उल्लेखनीय है

कि शपथ ग्रहण समारोह तक भी राजीव गांधी का नाम गुप्त ही रखा गया। यदि कुछ मतभेद की सम्भावना होती भी तो इसने उस सम्भावना को समाप्त कर दिया था। यह तथ्य कि पार्टी अंतरिम प्रधानमंत्री का खतरा मोल लेना नहीं चाहती, इसने राजीव गांधी के अतिरिक्त किसी अन्य उम्मीदवार की संभावना को भी समाप्त कर दिया।

राजीव गांधी के चयन करने में एक महत्वपूर्ण कारण आगामी निर्वाचन भी थे। निर्वाचन दिसम्बर के अंतिम सप्ताह में करने की घोषणा तो हो गई थी, उस समय भी लगभग ऐसी ही कुछ संभावना थी जैसी कि कुछ वर्ष पूर्व तक की स्थिति थी। उस समय भी काँग्रेस में ऐसा कोई भी व्यक्ति या नेता नहीं था, जिसकी छवि समस्त भारत में उज्ज्वल हो और न ही उनमें कोई ऐसा नेता था कि जो इंदिरा गांधी के नाम पर वोट खींच पाए। राजीव गांधी जहाँ इंदिरा गांधी के नाम पर वोट खींच सकते थे, वहीं उन्हें जन-साधारण की सहानुभूति का भी लाभ मिलना निश्चित था।

काँग्रेस (आई) के नेता यह मानते थे कि इंदिरा गांधी की निर्मम हत्या ने उनके दल को दस और वर्ष की जिंदगी दे दी थी इस दुर्भाग्यपूर्ण स्थिति से लाभ उठाने के प्रयत्न भी वास्तव में आरंभ हो गए थे। दल के नेता निर्वाचन की तैयारी में जुट गए थे। इस तथ्य ने काँग्रेस पार्टी के भविष्य को उज्ज्वल कर दिया था। मतदाताओं की सहानुभूति उस समय उनके साथ थी। ऐसा समझा जा रहा था कि राजीव गांधी इस स्थिति से लाभ उठाकर पार्टी की छवि को सुधारने का प्रयास करेंगे।

चूँकि काँग्रेस पार्टी को जो वोट मिलने थे, शहीद के नाम पर मिलने थे, इसलिए राजीव गांधी चाहते थे कि पार्टी के उम्मीदवारों के चयन के अवसर पर उन लोगों को किनारे कर दिया जाए जो उनके लिए अनुपयोगी थे। अतः यह समझा जा रहा था कि जिन संसद सदस्यों की छवि धूमिल थी, उन्हें इस बार अवसर नहीं दिया जाएगा। काँग्रेस यह भलीभाँति जानती थी कि यदि वे किसी अज्ञात कुल-नाम के व्यक्ति को भी उम्मीदवार बना देंगे तो इंदिरा गांधी के नाम पर वह भी विजयी बन जाएगा।

विपक्ष अभी तक अनिश्चित स्थिति में था। अब तक तो श्रीमती गांधी उनके आक्रमण का लक्ष्य थीं, उनकी हत्या से विपक्ष के हाथ से एक बहुत बड़ा हथियार छिन गया था। क्योंकि विगत दो-तीन वर्ष से राजीव गांधी का

कोई ऐसा कारनामा नहीं था, जिस कारण उन पर आक्रमण की संभावना भी समाप्त हो गई थी। विपक्ष के लोग यह कहते सुने जा रहे थे कि 'श्रीमती गांधी का उल्लेख नहीं किया जाना चाहिए, क्योंकि वे अब इस संसार में नहीं थीं।' राजीव गांधी पर आक्रमण करने के लिए कोई उल्लेखनीय कारण विद्यमान नहीं था। एक वंश का शासन कोई इतना बड़ा कारण नहीं बन सकता था कि जिसके कारण जनता को अपनी ओर मोड़ा जा सके। यहाँ तक कि काँग्रेस पार्टी की सतही एकता, ऐसा विश्वास करने वालों की सहायता करेगी जो यह कहते रहे थे कि श्रीमती गांधी राजीव गांधी को पार्टी पर थोप नहीं रही थीं। प्रधानमंत्री के रूप में राजीव गांधी के चयन ने इस प्रकार के संदेहों को दूर कर दिया था।

9

कॉँग्रेस के अध्यक्ष

कॉँग्रेस–आई कार्य समिति ने 12 नवम्बर, 1984 को तत्कालीन प्रधानमंत्री श्री राजीव गांधी को सर्वसम्मति से भारतीय राष्ट्रीय कॉँग्रेस–आई का अध्यक्ष निर्वाचित कर लिया। उन्हें अध्यक्ष पद पर आसीन करने का प्रस्ताव पार्टी के कार्यकारी अध्यक्ष पंडित कमलापति त्रिपाठी ने रखा, जिसे कार्य समिति के सभी सदस्यों ने हाथ उठाकर अपना–अपना समर्थन व्यक्त करते हुए स्वीकार कर लिया। इस बैठक में कार्य समिति के सदस्यों के अतिरिक्त प्रदेश कॉँग्रेस कमेटियों के अध्यक्ष, मुख्यमंत्री और कॉँग्रेस–आई विधायक दलों के नेता भी उपस्थित थे।

राजीव गांधी नेहरू परिवार के चौथे सदस्य थे जिन्होंने भारतीय राष्ट्रीय कॉँग्रेस का अध्यक्ष पद सुशोभित किया था। प्रधानमंत्री रहते हुए ही पं. नेहरू और श्रीमती इंदिरा गांधी भी राजीव गांधी की भाँति पार्टी के अध्यक्ष पद पर आसीन रहे थे। जब भारत स्वतंत्रता संग्राम के लिए संघर्षरत था, उस समय उनके परनाना पंडित मोतीलाल नेहरू अध्यक्ष रहे थे।

पार्टी का अध्यक्ष पद सँभालने के तुरंत बाद कार्य समिति के समक्ष अपने संक्षित भाषण में राजीव गांधी ने देशवासियों और विशेषतया कॉँग्रेसजन से देश में अस्थिरता उत्पन्न करने के आतंकवादियों के षड्यंत्र को विफल करने का आह्वान किया था। उन्होंने कहा—"आतंकवादी—देश में और देश से बाहर अब भी ऐसे कामों में सक्रिय हैं जिनसे देश की एकता और अखंडता को खतरा बना हुआ है।"

इस अवसर पर राजीव गांधी ने विपक्षी दलों को भी आड़े हाथों लिया। उनका कहना था—"विरोधी दल देश के सामने आए संकट को समझने और

सरकार की सहायता करने की अपेक्षा अपने कारनामों से देश को दुर्बल बना रहे हैं।"

उन्होंने देशवासियों को स्मरण करवाया—"स्वर्गीय इंदिरा गांधी देश की एकता के लिए विद्यमान खतरों के बारे में सदैव चेतावनी देती रहती थीं। वे कहती रहती थीं कि देश बहुत खतरनाक दौर से गुजर रहा है। यह खतरा अब उससे कहीं अधिक है जितना कि इंदिरा जी बताती थीं। हम सबको सतर्क रहना है।"

काँग्रेस अध्यक्ष राजीव गांधी ने कहा—"प्रत्येक व्यक्ति को इतिहास से सबक लेना चाहिए। हमें समझना चाहिए कि जब-जब देश में अंदरूनी झगड़े-फसाद हुए हैं, तब-तब देश की एकता दुर्बल हुई है। इससे बाहरी खतरा बढ़ता है। इस प्रकार की कमज़ोरी के कारण देश को भारी कीमत चुकानी पड़ी है।"

राजीव गांधी ने कार्य समिति को भी विश्वास दिलाते हुए कहा था कि नए उत्तरादायित्व को निभाने के लिए वे कोई कसर नहीं छोड़ेंगे। उन्होंने कहा था कि 'नई ज़िम्मेदारी निभाते हुए वे पार्टी के आदर्शों और देश के विकास के लिए उसके अब तक के काम को वे सदा स्मरण रखेंगे।'

उन्होंने कहा था—"मुझे हमेशा यह अहसास रहेगा कि बहुत ज़िम्मेदारी का जो पद आज मुझे दिया गया है उस पर देश की महान् विभूतियाँ बैठ चुकी हैं। मेरे परिवार के भी कुछ लोग इसमें शामिल थे। उन्होंने काँग्रेस के माध्यम से देश की सेवा की।"

राजीव गांधी का काँग्रेस अध्यक्ष चुना जाना कोई आश्चर्यजनक घटना नहीं थी। तत्कालीन काँग्रेस-आई की जो स्थिति थी, उसमें उनको छोड़कर कोई अन्य व्यक्ति इस उत्तरदायित्व को नहीं सँभाल सकता था। जैसा कि हम पहले ही उल्लेख कर चुके हैं कि श्रीमती इंदिरा गांधी भी प्रधानमंत्री होने के साथ ही काँग्रेस अध्यक्ष भी थीं।

श्री राजीव गांधी शायद प्रारंभ में दोनों पदों का उत्तरदायित्व सँभालने में संकोच कर रहे थे। यह स्वाभाविक भी था। भारत जैसे विशाल और विविधतापूर्ण देश के प्रधानमंत्री के लिए कोई और दायित्व सँभालना बहुत कठिन है। दूसरी ओर काँग्रेस-आई के अध्यक्ष को और किसी काम के लिए समय नहीं मिल सकता था। किंतु पिछले कुछ दशकों से सरकार के साथ ही संगठन पर भी प्रधानमंत्री का ही नियंत्रण रहा था। अतः यदि एक ही व्यक्ति प्रधानमंत्री के साथ

ही संगठन का प्रमुख भी बना दिया जाता है तो इस वास्तविकता को औपचारिक स्वीकृति प्रदान करना ही माना जाना चाहिए।

दिसम्बर, 1984 के अंत में लोकसभा के आम चुनाव का आयोजन किया गया था। इससे यह भी स्पष्ट होता था कि काँग्रेस-आई के उम्मीदवार राजीव गांधी को समक्ष रखकर ही जनता से वोट माँगेंगे। उम्मीदवारों का चयन भी अंततोगत्वा राजीव गांधी की पुष्टि पर ही निर्भर करेगा। ऐसी स्थिति में यदि उनको पार्टी का भी अध्यक्ष बना दिया था तो यह उचित ही किया था।

राजीव गांधी के विषय में श्रीमती गांधी के जीवन काल में अनेक प्रश्न उठाए जाते रहे थे। उस समय श्रीमती गांधी कहा करती थीं कि 'लोकतंत्र में कोई किसी को प्रधानमंत्री नहीं बना सकता। पार्टी जो कुछ चाहती है, वही होता है।' श्रीमती इंदिरा गांधी यह भी कहा करती थीं कि 'जो नेता चुनावों में जीत सुनिश्चित कर सकता है, उसे ही पार्टी के सांसद प्रधानमंत्री भी बनाते हैं।' उनका यह कहना सत्य ही था। उनकी मृत्यु के बाद यह सत्य सम्मुख आ गया था। काँग्रेस-आई संसदीय बोर्ड और कार्यसमिति के सदस्यों ने राजीव गांधी को सर्वोच्च दायित्व इसलिए भी सौंपा था, क्योंकि इसी में वे अपना भविष्य भी देखते थे।

इसमें कोई संदेह नहीं कि श्री राजीव गांधी के कंधों पर उस समय भारी बोझ आ पड़ा था। वैसे भी काँग्रेस कभी भी अनुशासित पार्टी नहीं रही। श्रीमती गांधी तो इसको पार्टी की अपेक्षा आंदोलन कहना अधिक पसंद करती थीं। इसका एक लाभ यह भी होता था कि इससे काँग्रेस के समर्थकों का दायरा बढ़ जाता था। कोई भी व्यक्ति स्वयं को काँग्रेस की धारा से जोड़ सकता था और समय आने पर वह सरलता से इससे अपना संबंध भी तोड़ सकता था। यही कारण था कि उस समय काँग्रेस में सम्मिलित होने और इससे संबंध-विच्छेद करने वालों का तांता-सा लगा रहता था। श्री राजीव गांधी के प्रधानमंत्री और काँग्रेस अध्यक्ष बनते ही अनेक पूर्व सांसद और मंत्री काँग्रेस से पृथक हो गए थे और इसी प्रकार अनेक उसमें सम्मिलित भी हो गए थे।

आंदोलन हो अथवा पार्टी किंतु उन सभी को सक्षम नेता और वफादार कार्यकर्त्ताओं की सदा आवश्यकता रही है और भविष्य में भी रहती रहेगी। किंतु दुर्भाग्य से उस समय देश की किसी भी पार्टी में चाहे वह काँग्रेस हो या विपक्षी दल, इस प्रकार के नेता और कार्यकर्त्ताओं की कमी थी। ऐसे समय

में राजीव गांधी को पार्टी के पुराने और योग्य नेताओं का सहयोग प्राप्त करने के लिए हर दृष्टि से यत्न करना था, यही उनके तथा उनकी पार्टी के हित में भी था।

जैसा कि हम पहले भी वर्णन कर चुके हैं कि राजीव गांधी ने विरोधी दलों पर यह आरोप लगाया था कि वे देश के सम्मुख उपस्थित खतरों को नहीं समझ रहे हैं और दलगत स्वार्थों में लीन हैं। उन्होंने यह भी कहा था कि वे सरकार की सहायता करने की अपेक्षा अपने कारनामों से देश को हानि पहुँचा रहे हैं। आगामी निर्वाचन को ध्यान में रखकर आरोप-प्रत्यारोपों का यह सिलसिला जोर पकड़ने लगा था। किंतु इस बात का पूरा ध्यान रखा गया था कि देश में हिंसा या पृथकतावादी शक्तियों को प्रोत्साहन न मिले।

कार्यसमिति एवं संसदीय बोर्ड का गठन

काँग्रेस अध्यक्ष का दायित्व सँभालने के चार-पाँच घंटे के बाद ही श्री राजीव गांधी ने दल की नई कार्य समिति और संसदीय बोर्ड के गठन की घोषणा भी कर दी थी। इससे यह सिद्ध होता है कि राजीव गांधी तुरंत निर्णय लेने में विश्वास करते थे।

संसद सदस्य अरुण नेहरू को पार्टी का नया महासचिव नियुक्त करने के साथ-साथ उन्होंने श्रीमती इंदिरा गांधी के समय के पुराने सदस्यों को कार्य समिति और संसदीय बोर्ड में सम्मिलित किया था। इन दोनों महत्वपूर्ण समितियों में जो स्थान रिक्त थे, राजीव गांधी ने उनकी पूर्ति भी कर दी थी। उन स्थानों पर नए सदस्यों को नियुक्त किया गया था। कार्यकारी अध्यक्ष के पद पर पहले की ही भाँति पं. कमलापति त्रिपाठी विराजमान थे।

आगामी निर्वाचन निकट ही है, इस तथ्य को ध्यान में रखते हुए राजीव गांधी ने चुनाव घोषणा पत्र समिति का भी गठन कर दिया था। इसमें अन्यान्य सदस्यों के साथ-साथ उन्होंने बहुत पुराने और कर्मठ काँग्रेस सदस्यों को भी सम्मिलित किया था। उनमें श्री यशवंत राय चह्वाण, श्री कृष्णचंद्र पंत तथा श्री बंसीलाल के नाम उल्लेखनीय हैं। श्री त्रिपाठी की अध्यक्षता में केंद्रीय चुनाव समिति का भी गठन श्री राजीव गांधी ने कर दिया था। उन्होंने पार्टी के सभी वर्तमान महासचिवों को उनके पद पर आसीन रखा था। उनके पास उनके विभाग भी पूर्ववत रखे गए थे। श्री अरुण नेहरू को उन्होंने वे विभाग

सौंपे थे जो स्वयं उनके पास थे। पार्टी के कोषाध्यक्ष श्री केसरी ही बने रहे।

संसदीय बोर्ड में पिछले सभी सदस्यों के अतिरिक्त तीन नए सदस्यों को नियुक्त किया। ये थे—दरबारा सिंह, गनी खाँ चौधरी और केरल के मुख्यमंत्री करुणाकरन। असम के मुख्यमंत्री हितेश्वर सैकिया भी इसमें सम्मिलित किए गए थे। वे भी नए थे किंतु उनको मेघालय के महम सिंह के स्थान पर रखा गया था। अन्य तीन सदस्यों को आर. वेंकटरमण, अनंत प्रसाद शर्मा और सैयद मीर कासिम के स्थान पर नियुक्त किया गया था। इनमें वेंकटमरण उपराष्ट्रपति पद पर निर्वाचित हो गए थे, श्री शर्मा को राज्यपाल बना दिया गया था और श्री कासिम दल छोड़ गए थे।

इसी प्रकार संसदीय केंद्रीय अभियान समिति में भी सभी पुराने नौ संयुक्त सचिवों को उनके स्थान पर ही रखा गया था। इसके साथ ही अनेक असंतुष्ट नेताओं को भी इस अभियान समिति का सदस्य नियुक्त किया गया था। अब्दुल रहमान अंतुले, ब्रह्मानंद रेड्डी, जगन्नाथ मिश्र, माधव सिंह सोलंकी आदि सभी इसमें सम्मिलित किए गए थे।

संसदीय सचिव की नियुक्ति

विगत 18 वर्षों से संसदीय सचिव के पद पर किसी भी व्यक्ति की नियुक्ति नहीं की गई थी। प्रधानमंत्री बनने और राष्ट्रीय शोक की 12 दिन की अवधि समाप्त होने पर श्री राजीव गांधी ने इस पद पर अपने पुराने दून स्कूल के साथी, मित्र और संसद सदस्य श्री अरुण सिंह को इस पद पर नियुक्त किया था।

अरुण सिंह को भी 12 नवम्बर, 84 को पद और गोपनीयता की शपथ स्वयं प्रधानमंत्री ने दिलवाई थी। यह समारोह साउथ ब्लॉक स्थित प्रधानमंत्री कार्यालय में हुआ। इस अवसर पर संसदीय कार्य मंत्री बूटा सिंह, विज्ञान और टेक्नोलॉजी राज्यमंत्री शिवराज पाटिल आदि उपस्थित थे। समारोह बड़ी सादगी से संपन्न किया गया। अरुण सिंह का राजनीतिक जीवन हॉल ही में आरंभ हुआ था किंतु राजीव गांधी से उनका पुराना परिचय था। वे दोनों सहपाठी रहे थे, इसका उल्लेख हम पहले भी कर आए हैं।

इस प्रकार राजीव गांधी ने जहाँ एक ओर देश के शासन की बागडोर सँभाल ली थी, वहीं दूसरी ओर उन्होंने अपने दल की कमान भी अपने हाथों

में थाम ली थी और यही विश्वास था कि वे अपने दोनों कार्यों में समान रूप से सफल होंगे।

जाँच आयोग गठित

प्रधानमंत्री बनने के बाद राजीव गांधी ने जो सबसे प्रथम कार्य किया वह था जन-जन की भावना के अनुरूप जाँच आयोग का गठन भारत के सर्वोच्च न्यायालय के न्यायाधीश न्यायमूर्ति श्री मनहरलाल प्राणलाल ठक्कर को दिवंगत प्रधानमंत्री श्रीमती इंदिरा गांधी की हत्या की जाँच करने वाले आयोग का अध्यक्ष नियुक्त किया। मुख्य न्यायाधीश न्यायमूर्ति श्री आई. वी. चंद्रचूड़ के साथ विचार-विमर्श के उपरांत न्यायमूर्ति श्री ठक्कर की नियुक्ति की गई।

जाँच आयोग बिठाने का निर्णय केंद्रीय मंत्रिमंडल की बैठक में किया गया था। इस बैठक की अध्यक्षता स्वयं प्रधानमंत्री राजीव गांधी ने की थी।

जाँच आयोग के सम्मुख क्या-क्या विषय विचारणीय होंगे, इस संबंध में अन्यान्य व्यक्तियों के साथ-साथ न्यायमूर्ति श्री ठक्कर से विचार-विमर्श करने के उपरांत निर्णय किया गया और तब इन विषयों को अंतिम रूप दिया गया। उसके बाद ही इस संबंध में औपचारिक अधिसूचना जारी की गई।

श्री एस. आनंदराम की अध्यक्षता में एक विशेष जाँच दल पहले ही गठित कर दिया गया था जो अपनी पृथक जाँच कर रहा था। किंतु उसने इस आयोग को भी समय-समय पर सहयोग दिया।

अपनी नियुक्ति के उपरांत संवाददाताओं के प्रश्नों का उत्तर देते हुए न्यायमूर्ति श्री ठक्कर ने कहा था कि 'यह एक महत्वपूर्ण ज़िम्मेदारी है और मैं ईश्वर से प्रार्थना करता हूँ कि वह इस दायित्व के वहन की शक्ति और विवेक प्रदान करे। मैं सच्चाई का पता लगाने की हर कोशिश करूँगा।'

उन्होंने कहा था कि 'भारत में ही लोकतंत्र सफलता से चल रहा है और श्रीमती इंदिरा गांधी की हत्या देश के लिए अत्यंत दुर्भाग्यपूर्ण है।' 61 वर्षीय न्यायमूर्ति श्री ठक्कर का कहना था कि 'इस प्रकार की जाँच का पहला कोई उदाहरण हमारे सम्मुख नहीं है। यह अभूतपूर्व मामला है, इसे सर्वोच्च प्राथमिकता दी जाएगी।'

आयोग के अधीन विचारणीय विषय

ठक्कर आयोग के अधीन जो विषय विचारणीय थे, उनकी घोषणा सरकार द्वारा 20.11.84 को कर दी गई थी। इस एक सदस्यीय आयोग से कहा गया था कि वह अपनी रिपोर्ट अधिक से अधिक छः माह में दे दे। यदि संभव हो अथवा उचित समझे तो आयोग इससे पूर्व अंतरिम रिपोर्ट भी दे सकता है।

जाँच आयोग अधिनियम (1952) के अंतर्गत स्थापित इस न्यायिक आयोग को गवाहों को बुलाने और गवाहियाँ दर्ज करने तथा किसी भी प्रकार के दस्तावेज को मँगाकर जाँच करने के अदालतों के सभी अधिकार दिए गए थे।

आयोग को जिन बातों की जाँच करनी थीं, वे इस प्रकार थीं:

- श्रीमती गांधी की हत्या से पूर्व का घटनाक्रम और उससे संबंधित सभी तथ्य।
- क्या इस अपराध को रोका जा सकता था? क्या अपराध किए जाने के समय सुरक्षा ड्यूटी पर तैनात किसी व्यक्ति या व्यक्तियों और प्रधानमंत्री की सुरक्षा के लिए ज़िम्मेदार अन्य लोगों से कोई त्रुटियाँ या कर्त्तव्य की अवहेलना हुई?
- निर्धारित सुरक्षा प्रबंधों या व्यवहार में उनके अमल में ऐसी कमियाँ, यदि कोई हों, जिन्होंने उस अपराध को सम्भव बनाया।
- श्रीमती गांधी पर हमले के बाद उनकी डॉक्टरी देखभाल में कोई कमियाँ तो नहीं रहीं? इस संबंध में निर्धारित प्रक्रियाओं और उपायों तथा व्यवहार में इन पर अमल में कोई कमियाँ तो नहीं थीं? डॉक्टरी देखभाल के लिए ज़िम्मेदार व्यक्तियों से कोई त्रुटि या कर्त्तव्य की अवहेलना तो नहीं हुई?
- हत्या की कल्पना, तैयारी और योजना बनाने के लिए क्या कोई एक या अधिक व्यक्ति या संगठन (एजेंसी) ज़िम्मेदार है? क्या इस संबंध में कोई षड्यंत्र रचा गया? यदि रचा गया था तो इसकी सभी शाखा-प्रशाखाओं का पता लगाया।

आयोग से कहा गया था कि वह डॉक्टरी देखभाल संबंधी सुधार के भावी उपायों के बारे में भी सिफारिशें कर सकता है।

ठक्कर आयोग का मुख्यालय दिल्ली में था।

यात्रा जारी रहेगी

7 नवंबर, 1984 को राष्ट्र के नाम प्रसारित संदेश में तत्कालीन प्रधानमंत्री श्री राजीव गांधी ने करोड़ों भारतीयों के लिए एक व्यक्तिगत संदेश में अपार सहानुभूति के लिए आभार प्रदर्शित किया था और कहा था कि हमें इंदिरा गांधी द्वारा अधूरे छोड़े गए कार्यों को पूरा करना है।

श्री राजीव गांधी ने कहा था :

"जैसी निडरता और जो साहस इंदिरा गांधी ने जीवन में दिखाया, उनकी मृत्यु भी वैसी ही रही। उनका नाम और काम अमर रहेंगे। धर्मग्रंथों में लिखा है कि मृत्यु अमरता का द्वार है। बस, यह शरीर ही नहीं रहता। उसे तो पंच तत्त्वों में समा ही जाना है। इसके अनेक तरीके हैं, और लोग अक्सर यह संकेत दे जाते हैं कि मृत्यु के बाद उनके शरीर का क्या किया जाए। यह बेटे का कर्तव्य है कि वह अपने माता-पिता की इच्छा पूरी करे।

इंदिरा गांधी को हिमालय से प्यार था, मन में हिमालय के प्रति श्रद्धा थी। वे अपने आपको पहाड़ों की बेटी मानती थीं। उनसे जब भी पूछा जाता कि आप कहाँ रहना चाहती हैं तो उनका जवाब होता, 'बर्फ से ढके ऊँचे-ऊँचे पहाड़ों पर।' औरों के लिए शायद यह ऊँची डगर जोखिम की राह होती, किंतु उन्हें ये पहाड़ प्रफुल्लित करते थे।

एक बार उन्होंने कहा था, 'हम भारतीयों के लिए हिमालय एक विशाल पर्वत शृंखला ही नहीं है, वे भारत के जन मानस और हमारे शाश्वत मूल्यों के प्रतीक हैं। पर्वतों की अलौकिक छटा और पर्वत चोटियों का अभेद्य रहस्य हमें, स्वयं को, सही परिप्रेक्ष्य में देखने में मदद करता है। हिमालय बताता है कि पूरे ब्रह्मांड की तुलना में हम कितने नगण्य हैं। रचना और विनाश की समूची क्षमता के बावजूद मानव; सृष्टि की व्यापकता में कितना असहाय हो जाता है। लेकिन हर मनुष्य में अमर आत्मा है जो असंभव को संभव बनाती है।'

इंदिरा गांधी की इच्छा थी कि उनकी मृत्यु के बाद उनकी अस्थियाँ हिमालय पर बिखेर दी जाएँ। सप्ताह के अंत में, मैं अपनी माँ की अस्थियाँ

बर्फ के देवता के हवाले कर दूँगा। उनका एक भाग गंगोत्री में बहा दिया जाएगा। जिसे मेरी माँ धरती की जल की आवश्यकता का प्रतीक मानती थीं। यह पवित्र स्थान भारत की महान नदी गंगा का स्रोत है।

हिमालय में उनकी अस्थियाँ बिखेरने के साथ ही इंदिरा गांधी की लौकिक यात्रा समाप्त हो जाएगी। लेकिन देश की यात्रा जारी रहेगी। आइए, कदम से कदम मिलाकर चलें, मज़बूत दिल, मज़बूत इरादे के साथ, मज़बूत कदमों के साथ।"

10

राष्ट्र के नाम पहला संदेश

31 अक्टूबर, 1984 को पूर्व प्रधानमंत्री श्रीमती गांधी की निर्मम हत्या हो जाने के बाद काँग्रेस पार्टी ने श्री राजीव गांधी को अपना नेता स्वीकार किया और उसके आधार उनको उसी दिन प्रधानमंत्री पद की शपथ दिलवाई गई। उस दिन भी उन्होंने राष्ट्र को संबोधित किया था और उसके बाद भी। 12 दिन तक राष्ट्रीय शोक की अवधि समाप्त होने पर दिनांक 11 नवम्बर की संध्या को राष्ट्र के नाम संदेश प्रसारित करते हुए उन्होंने देशवासियों को आश्वस्त किया। उनका संदेश था :

"भारतवासियों!

कल इंदिरा गांधी की अस्थियाँ उनकी इच्छानुसार हिमालय को समर्पित कर दी गईं। उनकी आत्मा का आह्वान है कि हम उनके सपनों के भारत का निर्माण करें।

महात्मा गांधी ने हमारे प्राचीन देश में नई जान डाली। उन्होंने हमें आज़ादी दिलाई और सिखाया कि सत्य, प्रेम और अहिंसा सबसे ऊँचे नैतिक मूल्य हैं। जवाहरलाल नेहरू ने राजनीतिक और तकनीकी रूप से आधुनिक लोकतंत्र, धर्मनिरपेक्ष, समाजवादी और गुटनिरपेक्ष भारत की नींव रखी।

इंदिरा गांधी ने इस नींव को मज़बूत किया। उन्होंने लोगों की प्रभुसत्ता को असलियत में बदला और इस बात की कोशिश की कि हमारे कानून और नीतियाँ नागरिकों के अधिकारों की रक्षा करें। उन्होंने धर्मांधता और संकीर्णता के विरुद्ध संघर्ष किया। कृषि, उद्योग और तकनीकी की कई शाखाओं में राष्ट्र को आत्मनिर्भर बनाया। गरीबी के खिलाफ लगातार लड़ाई लड़ी। इस तनावपूर्ण जगत् में शांति की आवाज़ बुलंद की।

उन्होंने हममें आत्मविश्वास जगाया, हमारे जीवन में अर्थ भरा। इंदिरा जी ने हमारी प्रतिष्ठा लौटाई। उन्होंने एक शानदार विरासत छोड़ी। मैं इस महान परम्परा को सुरक्षित रखने और एक ऐसे मज़बूत और उन्नत भारत के लिए काम करने का संकल्प लेता हूँ जो शांति के लिए समर्पित हो।

भारत की एकता व अखंडता से बढ़कर और कुछ नहीं। भारत अविभाज्य है। धर्मनिरपेक्षता हमारी भारतीयता का मर्म है। इसका अर्थ सिर्फ सहनशीलता नहीं है। इससे अधिक है। शांति और संतुलन बनाए रखना हमारा कर्त्तव्य है। कोई भी धर्म, घृणा और असहिष्णुता की शिक्षा नहीं देता। देश के अंदर और बाहर स्वार्थी तत्त्व हिंसा फैलाकर भारत को तोड़ना चाहते हैं; फ़िरक़ापरस्ती का जवाब संप्रदायवाद फ़िरक़ापरस्ती नहीं है। इससे तोड़-फोड़ और अलगाववादी तत्त्वों को मदद मिलेगी। जनता और सरकार की शक्ति से हम उनके इरादों को कुचल देंगे। भारत एक है, हम सबका है।

जल्द से जल्द गरीबी मिटाना हमारा ध्येय है। सरकार की छवि इस बात पर निर्भर है कि वह किस तरह का परिवर्तन लाती है। पाँच साल पहले जब लोगों ने इंदिरा जी को प्रधानमंत्री की ज़िम्मेदारी दोबारा सौंपी तो उन्होंने एक कारगर सरकार का वचन दिया था। उन्होंने अपना वचन निभाया। अनाज और ऊर्जा का रिकॉर्ड तोड़ उत्पादन हुआ है। विज्ञान के क्षेत्र में महत्वपूर्ण प्रगति हुई है। उद्योग फिर विकास की ओर बढ़ रहे हैं। रोज़गार के अवसर बढ़ रहे हैं। हमारी अर्थव्यवस्था, सूखा, बाढ़ तथा विश्व संकट से उभरकर आई। विश्व में भारत का राजनीतिक और आर्थिक स्थान पहले से अधिक ऊँचा है।

इस प्रगति की रफ्तार को बनाए रखना है। तेज विकास और सम-वितरण के लिए हमें पूरी तरह प्रयत्नशील रहना है।

मैं समाजवाद और योजना के प्रति अपनी निष्ठा फिर दोहराता हूँ। हमारी प्रगति योजना से ही संभव हुई है। हमारा ध्येय है—देश को निरंतर आधुनिक बनाना, उत्पादन बढ़ाना और सामाजिक न्याय दिलाना।

ग्राम विकास की प्राथमिकता

हमारी योजना में ग्रामीण विकास को प्राथमिकता दी जाएगी। हमारा लक्ष्य होगा अनाज, दाल और तिलहन का उत्पादन बढ़ाना, सिंचाई का विस्तार करना, छोटे उद्योगों और दस्तकारी को मदद देना और सभी क्षेत्रों में नई तकनीक

विकसित करना। आर्थिक असंतुलन को कम करने और समाज में शांति स्थापित करने के लिए रोज़गार के अवसर बढ़ाना जरूरी है, विशेष रूप से गाँव और शहर के युवकों के लिए। इसके लिए कृषि और उद्योगों के विकास की गति और तेज करनी होगी।

सार्वजनिक क्षेत्र ने एक आधुनिक अर्थव्यवस्था की आधारशिला रखने में ऐतिहासिक भूमिका निभाई है। उन्हें अधिक ज़िम्मेदारियाँ उठानी होगी और अधिक कार्यकुशल होना होगा ताकि पूँजी बढ़े।

राष्ट्रीय नीतियों के अंतर्गत उत्पादन बढ़ाने के लिए निजी क्षेत्र के सामने पर्याप्त अवसर हैं। लेकिन उन्हें लागत कम करनी है, नई तकनीक अपनानी है। अधिक साहस तथा प्रतिस्पर्द्धा का परिचय देना है। सार्वजनिक तथा निजी क्षेत्रों को नए काम हाथ में लेने होंगे। गुणात्मक सुधार लाना है और स्वदेशी तकनीक का विकास करना होगा। किसान और मजदूर हमारी अर्थव्यवस्था के स्तंभ हैं। उनकी दशा सुधारने का काम तेज किया जाएगा।

सरकार—अनुसूचित जातियों, अनुसूचित जनजातियों, पिछड़े वर्गों, कारीगरों, खेत मजदूरों, महिलाओं और शहरी गरीब तबके की दशा सुधारने के लिए वचनबद्ध है। श्रीमती इंदिरा गांधी का बीस सूत्रीय कार्यक्रम, जो लोगों को जरूरतें पूरी करने में मदद देता है, निष्ठा और प्रभावशाली ढंग से लागू किया जाएगा।

भारत के लोग हमारा सबसे बड़ा धन हैं। हम कोशिश करेंगे कि वे अपनी अंदरूनी क्षमता को पूरी तरह पहचानें। हम परिवार नियोजन, पौष्टिक आहार, महिलाओं और बच्चों का कल्याण, रोगों की रोकथाम, प्राथमिक और प्रौढ़ शिक्षा, खेल और बेहतर संचार के कार्यक्रमों पर जोर देंगे।

मेरा संकल्प है कि जनसेवा को बेहतर बनाया जाए। इसमें लगे सभी लोगों को कहना चाहता हूँ कि अगर निष्ठा और लगन से काम करेंगे तो उन्हें बाहरी दबाव और दखलंदाजी से पूरी सुरक्षा दी जाएगी। लेकिन मैं उनसे यह भी कहना चाहूँगा कि भ्रष्ट और निकम्मे लोगों को बर्दाश्त नहीं किया जाएगा।

हमारे प्रशासन को अधिक ध्येय पूर्ण होना होगा। काम करने का एक नया तरीका निकालना होगा जिसमें सरकार दफ्तरी कार्यवाही के बजाय परिणाम पर ज्यादा ध्यान देगी। पुरस्कार और दंड काम पर निर्भर होंगे। सभी संस्थाओं को कार्यकुशल होना होगा।

पूर्व प्रधानमंत्री स्व. राजीव गांधी
(20 अगस्त, 1944-21 मई, 1991)

विशाल जनसमूह द्वारा राजीव गांधी का अभिनंदन

पिता फिरोज गांधी के साथ बालक राजीव

भारत के सबसे युवा प्रधानमंत्री राजीव गांधी

भारत के प्रथम प्रधानमंत्री तथा नाना पं. जवाहरलाल नेहरू के साथ बालक राजीव

पत्नी श्रीमती सोनिया गांधी के साथ राजीव

माता इंदिरा गांधी के साथ युवा राजीव

माता इंदिरा, पत्नी सोनिया, भाई संजय, पुत्र राहुल तथा पुत्री प्रियंका के साथ राजीव गांधी

राजीव व सोनिया एक चुनाव प्रचार के दौरान

इंदिरा जी व राजीव जी के साथ राहुल और प्रियंका

प्रकृति प्रेम : नन्हे राजीव—नाना जवाहरलाल नेहरू और माता इंदिरा गांधी के साथ पौधारोपण करते हुए

राजीव और सोनिया
अपने छोटे-से परिवार
के साथ

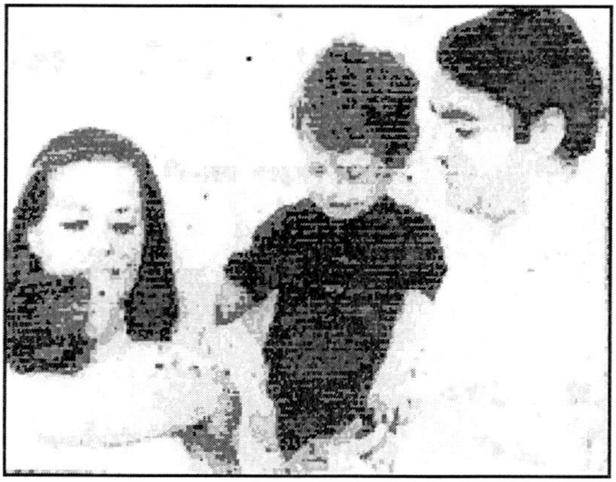

काँग्रेस की एक संसदीय बैठक
के दौरान राजीव

राजीव और सोनिया—पॉप
जॉन पॉल द्वितीय के साथ,
जब वे 1986 में भारत
आए थे

तत्कालीन अमेरिकी राष्ट्रपति रोनाल्ड
रेगन के साथ राजीव गांधी

विभिन्न मुद्राओं में राजीव गाँधी

एक मंत्रिमंडलीय बैठक के दौरान राजीव गांधी

फुर्सत के क्षणों में अपने परिवार के साथ राजीव गांधी

विदेश यात्रा से लौटते राजीव और सोनिया

जनता द्वारा राजीव और सोनिया का अभिनंदन

एक चुनाव प्रचार के दौरान राजीव गांधी पत्नी सोनिया के साथ

विज्ञान और टैक्नोलॉजी

पिछले कुछ वर्षों में विज्ञान और टैक्नालॉजी के क्षेत्रों में महत्वपूर्ण प्रगति हुई है। इंदिरा गांधी का वैज्ञानिकों के साथ बहुत अच्छे संबंध थे। मैं इन्हें बनाए रखूँगा।

कला जीवन को सत्य और सौंदर्य की दृष्टि देती है। हम अपने शिल्पियों के ऋणी हैं जिन्होंने सदियों से सुंदर परम्परा बनाए रखी है। हम लेखकों और कलाकारों के भी उतने ही ऋणी हैं। हमें यह महान परम्परा बनाए रखनी है और एक ऐसा वातावरण बनाना है जिसमें कलाओं का विकास हो।

शिक्षा प्रणाली में परिवर्तन

हमें शिक्षा प्रणाली में भी परिवर्तन लाना है ताकि वह राष्ट्रीय एकता और विकास के अनुरूप हो। मैं इस प्रणाली की व्यापक समीक्षा करना चाहता हूँ और इसमें सुधार लाने के लिए आम राय बनाना चाहता हूँ।

राष्ट्र निर्माण के लिए सबसे पहली शर्त है—शांति, पड़ोसियों के साथ शांति और विश्व शांति। हमारी सुरक्षा का वातावरण दूषित हुआ है। हमारे पड़ोस में और हिन्द महासागर में बड़े पैमाने पर आधुनिक हथियार जमा किए गए हैं। देश पर किसी खतरे का मुकाबला करने में हमारी सेना के तीनों अंग पूरी तरह सक्षम हैं। सरकार इस बात के लिए निरंतर प्रयास करती रहेगी कि हमारी रक्षा को और अधिक आधुनिक बनाया जाए। सेना में काम करने वाले लोगों और उनके परिवारों के कल्याण के लिए काम किए जाए। इस मौके पर मैं अपने जवानों और अधिकारियों को बधाई देता हूँ कि जिनके हाथ में हमारे राष्ट्र की प्रतिष्ठा और अखंडता सुरक्षित है।

विश्वशांति

पिछले हफ्ते अनेक देशों के नेता अपनी जनता की संवेदना लेकर भारत आए। मैंने उनको स्पष्ट किया कि भारत विश्वशांति, मैत्री और सहयोग के लिए निरंतर काम करता रहेगा।

जवाहरलाल नेहरू ने हमें एक ऐसी विदेश नीति विरासत में दी जिसे इंदिरा गांधी ने समृद्ध किया। मैं इसे आगे बढ़ाऊँगा। मैं दोहराना चाहूँगा कि हम संयुक्त राष्ट्र संघ तथा गुटनिरपेक्ष आंदोलन के प्रति समर्पित रहेंगे। नए और

पुराने उपनिवेशवाद का विरोध करेंगे और दुनिया में आर्थिक विषमता को कम करने के लिए संघर्ष जारी रखेंगे।

पड़ोसी देश

हम अपने पड़ोसियों के साथ शांति, मैत्री और सहयोग की भावना से संबंध बढ़ाना चाहते हैं। यही हमने पाकिस्तान से कहा। हमारा विश्वास रहा है कि दूसरे देशों के आंतरिक मामले में दखल न दिया जाए और सह-अस्तित्व तथा गुटनिरपेक्षता हमारे संबंधों के मार्गदर्शक सिद्धांत हैं। हम दक्षिण एशिया के विकास के काम में लगे रहेंगे। चीन के साथ हमारे संबंध सुधर रहे हैं और समस्याओं का एक संतोषजनक हल निकालने के लिए हम प्रयत्नशील रहेंगे।

अंतर्राष्ट्रीय संबंध

सोवियत संघ के साथ हमारी मित्रता कसौटी पर खरी उतरी है। वह आपसी सहयोग पर आधारित है। सोवियत संघ ने समय पर हमारा साथ दिया है। हम इसको बहुत महत्त्व देते हैं।

हम सदा से पूर्व और पश्चिम—दोनों के दोस्त रहे हैं और हम उनके बीच अपने संबंधों को बेहतर बनाना चाहते हैं। अमेरिका के साथ हमारे बहुमुखी संबंध हैं। उनके साथ अपने आर्थिक, तकनीकी और सांस्कृतिक सहयोग को महत्त्व देते हैं।

मैं अरब देश, दक्षिण पश्चिम, दक्षिण-पूर्व एशिया, सुदूर पूर्व, प्रशांत देश, अफ्रीका, लातीन अमेरिका, कैरिबियन तथा पश्चिमी और पूर्वी यूरोप के लोगों को भी विश्वास दिलाना चाहता हूँ कि हम उनके साथ राजनीतिक और आर्थिक संबंध मज़बूत बनाना चाहते हैं।

परमाणु युद्ध का खतरा

इंदिरा गांधी ने कहा था कि आज दुनिया के सामने सबसे बड़ी चुनौती है—परमाणु युद्ध का खतरा है। हथियारों की दौड़ के खिलाफ उनका संघर्ष हम जारी रखेंगे। वे विश्व के आर्थिक संकट के संबंध में भी उतनी ही चिंतित थीं। हम उनके इस काम को भी आगे बढ़ाएँगे और उत्तर तथा दक्षिण के बीच

बातचीत का द्वार खोलने का प्रयत्न करेंगे। हम न्याय पर आधारित संसार की रचना करने की कोशिश करेंगे।

इंदिरा गांधी की हत्या ने राष्ट्र को झकझोर दिया है। संकट की घड़ी में भारत हमेशा जागा है, रचनात्मक कदम बढ़ाया है। हमें एक नई प्रतिभा का विकास करना है जिससे कि एकता की भावना आए, शांति कायम हो और इंसान-इंसान के बीच मानवीय संबंध गहरे हों।

हमारी प्राचीन परम्परा और स्वतंत्रता सेनानियों से प्राप्त विरासत, धर्म निरपेक्षता और सहनशीलता पर आधारित है। इंदिरा गांधी ने इन सिद्धांतों के लिए ही अपने जीवन की कुर्बानी दी। हमें अपने प्राचीन ऋषि-मुनियों के ज्ञान और आधुनिक विज्ञान तथा टेक्नोलॉजी में संतुलन स्थापित करना है। हमें अपनी राजनीतिक, सांस्कृतिक और दार्शनिक परम्परा को सुरक्षित रखना है। हमें अपने प्राकृतिक साधनों के साथ एक उचित संबंध स्थापित करना है और अपनी आत्मनिर्भरता को मज़बूत बनाना है। हमें अपने काम के तरीके में परिवर्तन लाना है, नई प्रतिभाओं की खोज करनी है जिससे लोगों का जीवन अर्थपूर्ण हो सके।

हमारा आज का निर्माण हमारा कल बनाएगा। साथ मिलकर हम 21वीं सदी के भारत की रचना करेंगे। जो बदलना है मिलकर बदलेंगे। प्रगति के रास्ते की रुकावटों का मिलकर मुकाबला करेंगे। एक मज़बूत प्रतिभा संपन्न और महान भारत मिलकर बनाएँगे। यह भारत शांति और सद्भाव की ज्योति होगा। जय हिन्द।"

11

इंदिरा के बाद का भारत

श्रीमती इंदिरा गांधी के बाद के भारत में जो मुख्य परिवर्तन हुआ था, वह था—उनके सुपुत्र राजीव गांधी को प्रधानमंत्री बनाया जाना। काँग्रेस पार्टी में इसकी प्रतिक्रिया जानने की आवश्यकता नहीं। क्योंकि काँग्रेस ने ही राजीव गांधी को अपना नेता चुना था, अतः उनके कुछ सदस्यों को यह अटपटा भी लगा हो तो उससे कोई अंतर नहीं पड़ा।

इंदिरा गांधी की हत्या से विपक्ष को भी धक्का लगा था, इसमें दो राय नहीं हो सकतीं और थी भी नहीं। यह ठीक था कि इंदिरा गांधी की नीति से या उनके प्रशासकीय ढंग से विपक्ष को कुछ गिला हो सकता था, किंतु व्यक्ति के रूप में सभी उनकी सराहना करते रहे थे। राजीव गांधी के चयन में विपक्ष को वंश-परम्परा का शासन नज़र आया था। चौधरी चरण सिंह ने तो राजीव गांधी के प्रधानमंत्री बनाए जाने के दूसरे दिन ही राष्ट्रपति को कह दिया था कि यह अनुचित हुआ है। चौधरी चरण सिंह का इस प्रकार कहना भले ही कुछ गलत हो, किंतु सारा विपक्ष उनके विचार से असहमत था, इसमें भी दो राय नहीं हो सकती।

विपक्ष का कहना था कि अब तक जो कुछ होता आया है, इस बार भी वैसा ही क्यों नहीं हुआ। अर्थात् पहले अंतरिम प्रधानमंत्री नियुक्त कर दिया जाता और फिर काँग्रेस दल अपना नेता चुनकर उसको सुझाव देता। सन् 1964 में जब पं. नेहरू का दिन के दो बजे देहांत हुआ तो उसके दो घंटे बाद अर्थात् 4 बजे, उनके मंत्रिमंडल के वरिष्ठ मंत्री श्री गुलजारी लाल नंदा को अंतरिम प्रधानमंत्री के पद और गोपनीयता की शपथ दिला दी गई थी। इसी प्रकार जब जनवरी 66 में प्रातःकाल 2 बजकर 2 मिनट पर लालबहादुर शास्त्री का निधन

हुआ तो 3 बजकर 15 मिनट पर श्री गुलजारी लाल नंदा को अंतरिम प्रधानमंत्री बना दिया गया। उस समय भी वे ही मंत्रिमंडल के वरिष्ठ सदस्य थे। इस बार ऐसा नहीं किया जा सकता था?

विपक्ष का यह तर्क कितना कारगर था, इसमें मतभेद है। इंदिरा गांधी के वरिष्ठ सदस्यों में प्रणव मुखर्जी और नरसिम्हा राव का नाम लिया जा रहा था। किंतु इंदिरा गांधी की हत्या के दिन वे दोनों ही दिल्ली से दूर थे। उनके दिल्ली पहुँचने तक भावी प्रधानमंत्री के विषय में खिचड़ी पक चुकी थी। श्री नरसिम्हा राव के हैदराबाद से 2 बजे के लगभग दिल्ली आने पर जब उनको संभावित प्रधानमंत्री का नाम बताया गया तो उनको उसे स्वीकार करने में एक क्षण का भी समय नहीं लगा और उन्होंने तुरंत इसकी स्वीकृति दे दी। यही स्थिति, लगभग मुखर्जी मोशाय की भी रही। उन्होंने तुरंत स्वीकृति भले ही न दी हो किंतु कुछ क्षण विचार कर सिर हिला दिया। संभावित नाम का विरोध दोनों ही नहीं कर पाए। राष्ट्रपति ने तो शायद विदेश से अपने देश की यात्रा में विमान में लेटे-लेटे ही उस नाम के विषय में सोच लिया था। राष्ट्रपति अपने 5 घंटे की विमान यात्रा में 3 घंटे तो लेटे ही रहे और जैसा कि बाद में सीताराम केसरी ने कहा था—"हमने तो केवल उस नाम का अनुमोदन ही किया है जिसे न केवल पार्टी अपितु समस्त राष्ट्र सर्वसम्मति से चाह रहा था। किसी अन्य नाम के प्रस्ताव का तो कोई प्रश्न ही नहीं उठ सकता था।"

शपथ समारोह के तुरंत बाद प्रधानमंत्री के प्रेस सलाहकार वाई. शारदा प्रसाद ने प्रेस को दृढ़ शब्दों में बताया—"राजीव को पूर्णकालिक प्रधानमंत्री बना दिया गया है, क्योंकि अंतरिम प्रधानमंत्री का संविधान में जो प्रावधान है उसमें अनिवार्य की कोई शर्त नहीं है।" फिर भी इसकी चर्चा अगले दिन काँग्रेस संसदीय समिति और काँग्रेस कार्यसमिति में हुई और मुखर्जी तथा राव के निर्णय को सबने ही मान्यता दी। काँग्रेस संसदीय दल की उपस्थिति 497 थी, जितनी कि कभी रही ही नहीं। काँग्रेस के कार्यवाहक अध्यक्ष श्री कमलापति त्रिपाठी के विषय में सोचा जा रहा था कि उनको यह सुझाव स्वीकार नहीं होगा किंतु जब कार्यसमिति की बैठक हुई तो उन्होंने ही इस विषय का प्रस्ताव रखा। विद्याचरण शुक्ल के बारे में भी ऐसा ही सोचा जा रहा था किंतु उन्होंने त्रिपाठी के प्रस्ताव का अनुमोदन किया। बूटासिंह ने प्रस्ताव को पढ़कर सुनाया। इस प्रकार यह सर्वसम्मत निर्णय हो गया।

इस प्रकार भारत को पहली बार ऐसा प्रधानमंत्री मिला जिसको मंत्रित्व का ज़रा-सा भी अनुभव और ज्ञान नहीं था। राजीव गांधी न किसी राज्य के मंत्री रहे और न ही केंद्र के। श्रीमती गांधी तो प्रधानमंत्री बनने से पूर्व दो वर्ष की केंद्रीय मंत्री होने की अनुभवी थीं और इसके अतिरिक्त वे सन् 1959 में काँग्रेस की अध्यक्षा भी रह चुकी थीं। न केवल इतना ही नहीं वे 17 वर्ष तक प्रधानमंत्री जवाहरलाल नेहरू के साथ रहती हुईं बहुत कुछ जान और समझ गई थीं। राजीव गांधी के प्रधानमंत्री बनने से पूर्व यदि कोई परिचय पुस्तक 'हू ज हू' छपती तो उसमें उनके विषय में दो ही वाक्य होते—जून 82 में अमेठी से निर्वाचित लोकसभा सदस्य, काँग्रेस कमेटी के छः महासचिवों में से एक महासचिव। नेतृत्व की योग्यता किसी को ज्ञात नहीं थी और जिन परिस्थितियों में श्रीमती इंदिरा गांधी की हत्या की गई तथा उसके बाद विशाल रूप में जो दंगे हुए उससे उनकी छवि में किसी प्रकार का परिवर्तन भी नहीं आया। एक विचलित काँग्रेसी ने तो यहाँ तक कहा था—"कहा नहीं जा सकता कि जो अधिकार उनको दिया गया है वे उसका पालन कर भी पाएँगे या नहीं।"

विपक्ष भी बड़ा चतुर था। इसका ज्ञान तब हुआ जब राजीव गांधी ने 1 नवंबर को उनके साथ अपने अकबर रोड स्थित कार्यालय में भेंट की। दंगों के विषय में विचार-विनिमय करने के लिए राजीव गांधी ने जो बैठक बुलाई थी, उसमें सारे विपक्ष के प्रतिनिधि उपस्थित थे। बाद में उन्होंने कहा कि राजीव ने पहले तो पुलिस की निंदा शुरू की, उन्होंने उसे न सिर्फ भ्रष्ट बताया अपितु कहा कि वह तस्करों से मिली हुई है। किंतु उसके बाद उन्होंने कहा, 'इसका सारा उत्तरदायित्व हम राजनीतिज्ञों पर है जिन्होंने पुलिस की कार्यक्षमता को निरस्त कर दिया है।'

उस समय चरण सिंह ने उठकर राजीव गांधी के इस कथन का विरोध किया कि 'सभी पार्टियाँ इसके लिए ज़िम्मेदार नहीं हैं।' राजीव गांधी पशोपेश में पड़ गए और फिर बोले—"विपक्ष के अधिकांश सदस्य कभी-न-कभी काँग्रेस में रहे हैं और उन्होंने देश पर शासन किया है।"

किंतु इससे बात रफा-दफा नहीं हुई। उस समय भारतीय जनता पार्टी के महामंत्री ने कहा—"इस संकट की घड़ी में मैं प्रधानमंत्री की ओर से उनके अपने व्यक्तिगत जीवन और राष्ट्र के जीवन में कुछ सौम्यता की अपेक्षा रखता था।"

और जब राजीव गांधी ने 4 नवंबर को अपने मंत्रिमंडल का विस्तार किया तो उस समय यह स्पष्ट हो गया था कि इस समय राजीव गांधी देश की स्थिति को सँभालने की बजाय अपनी स्थिति को ही सँभालना चाह रहे थे। 13 कैबिनेट स्तर के मंत्रियों, 21 राज्य मंत्रियों तथा 11 उपमंत्रियों की पुरानी ही टीम को जहाँ नई टीम में स्थान दिया गया, वहीं प्रकाशचंद्र सेठी, कल्पनाथ राय और रामचंद्र रथ जैसे प्रभावी जन को इस मंत्रिमंडल में सम्मिलित नहीं किया गया। पार्टी में जो लोग अत्यंत चतुर थे, उन्होंने इसका कारण भी शीघ्र ही भाँप लिया था।

सेठी यद्यपि चतुर राजनीतिज्ञ थे, किंतु स्वास्थ्य ठीक न होने के कारण राजनीति में उतने सक्रिय नहीं रह पा रहे थे। उन्हें उस समय योजना मंत्री का पद सँभालने के लिए कहा गया था जबकि सातवीं पंचवर्षीय योजना का मसौदा आदि तैयार किया जा रहा था, वह भी राजीव गांधी की इच्छा के विपरीत। अत: प्रथम अवसर मिलते ही उनका नाम निकाल दिया गया था, यद्यपि उनके अपने प्रदेश अर्थात् मध्य प्रदेश में उनकी बहुत पहुँच थी। कल्पनाथ राय जो कि पहलवानी से राजनीति में आए थे और जिन्होंने एक बार संसद में अटल बिहारी वाजपेयी को कुश्ती के लिए चुनौती भी दी थी, उनको पार्टी में कठिनाई उत्पन्न करने वाला मानकर इस योग्य नहीं समझा गया कि उन्हें मंत्रिमंडल में सम्मिलित किया जाए। फिर कुछ छवि का विचार किया गया। तब रामचंद्र रथ की बारी आई। रथ संजय गांधी के विश्वस्त व्यक्तियों में से थे और वे यूथ काँग्रेस के अध्यक्ष पद पर भी रह चुके थे, उत्कल में उनकी आवाज़ भी सुनी जाती थी। राजीव गांधी का विचार था कि यदि संजयवादियों को जीवित रहना है तो उन्हें उनके साथ शांति से रहना होगा। इसके अतिरिक्त भी रथ ने अपने प्रदेश में वहाँ के मुख्यमंत्री के विरुद्ध षड्यंत्र आरंभ कर दिया था, जिसे स्वयं इंदिरा गांधी ने भी पसंद नहीं किया था। तब भी वे उनको मंत्रिमंडल में बनाए रहीं, जिस प्रकार अपने छोटे पुत्र के अन्य अनेक मित्रों को बनाए रहीं और उन्होंने अपने जीवन के मध्याह्न का अंतिम भोजन गोपालपुर, उत्कल में रथ और के. पी. सिह देव के साथ किया था। इस संबंध में आँखों में आँसू भरे रथ ने कहा था, "मुझे इसकी चिंता नहीं है कि वे मेरे साथ क्या करते हैं। किसी के प्रति दुर्भावना लिए बिना मैं श्रीमती इंदिरा गांधी के शोक में सम्मिलित होना चाहता हूँ।" किंतु शोक की अवधि समाप्त होते ही रथ के आँसू सूख गए और उन्होंने काँग्रेस का त्याग कर जनता पार्टी का दामन थाम लिया था।

कुछ और संकेत भी पाए जा रहे थे। 4 नवम्बर को जिन व्यक्तियों को मंत्रिमंडल में सम्मिलित किया जाना था उनमें विद्याचरण शुक्ल का नाम भी उस सूची में था जो प्रधानमंत्री की ओर से राष्ट्रपति को दी गई थी। किंतु अंतिम क्षणों पर किसी विशेष आज्ञा के अधीन उनको निकाल दिया गया। एक दिन पूर्व ही काँग्रेस पार्लियामेंटरी बोर्ड में राजीव गांधी के प्रधानमंत्री बनाए जाने संबंधी प्रस्ताव का शुक्ल द्वारा अनुमोदन किए जाने के बाद उनकी वफादारी में किसी प्रकार का संदेह नहीं किया जा सकता था, किंतु फिर भी प्रधानमंत्री सचिवालय ने उनके नाम निकाले जाने का कोई स्पष्टीकरण नहीं दिया। प्रधानमंत्री के एक निकटस्थ व्यक्ति ने यद्यपि बाद में यह संकेत दिया था कि अभी शुक्ला जी को अन्य परीक्षणों से गुजरना होगा।

प्रधानमंत्री सचिवालय से 31 अक्टूबर को 6 बजे राष्ट्रपति भवन के लिए मंत्रियों की जो सूची भेजी गई थी, उसमें बूटासिंह का नाम नहीं था। बाद में विचार किया गया और यह सोचा गया कि साम्प्रदायिक सद्भाव बनाए रखने के लिए एक सिख मंत्री का होना आवश्यक है, अत: शपथ ग्रहण से कुछ समय पूर्व ही उनको भी उसमें सम्मिलित कर लिया गया। यदि उस समय बूटासिंह को नहीं लिया जाता तो राष्ट्रपति के अन्यतम विरोधी अथवा अभिशप्त दरबारा सिंह का मंत्रिमंडल में लिया जाना निश्चित था।

कुल मिलाकर 1966 की भाँति, जब श्रीमती गांधी ने नंदा से वास्तव में शास्त्रीजी से भार ग्रहण किया था तो उन्होंने शास्त्री जी के सारे मंत्रिमंडल को ज्यों का त्यों अपना मंत्रिमंडल घोषित कर दिया था, किसी का भी विभाग उन्होंने उस समय नहीं बदला था। फिर भी उस समय का मंत्रिमंडल संतुलित था जबकि राजीव गांधी के मंत्रिमंडल में उत्तर भारत का प्रतिनिधित्व न के बराबर था। उन्होंने मोहसिना किदवई को कैबिनेट मंत्री बनाकर कदाचित् अल्पसंख्यकों और उत्तर प्रदेश, दोनों को एक साथ प्रसन्न करना चाहा हो और उधर राजस्थान से एक ओर नए व्यक्ति प्रदेश काँग्रेस के अध्यक्ष नवलकिशोर शर्मा को उन्होंने मंत्रिमंडल में सम्मिलित कर उत्तर भारत का प्रतिनिधि पूर्ण मान लिया था। इसके बाद भी अभी राजस्थान, मध्य प्रदेश, बिहार, गुजरात, उत्कल, तमिलनाडु, हिमाचल प्रदेश, जम्मू-कश्मीर और समस्त उत्तर-पूर्वी क्षेत्र प्रतिनिधित्व विहीन था। प्रणव मुखर्जी यद्यपि बंगाली थे, किंतु वे गुजरात से राज्यसभा के सदस्य थे, अत: उन्हें किस प्रदेश का प्रतिनिधि माना जाए,

यह भी दुविधा थी। जिन प्रदेशों का ऊपर उल्लेख किया गया है उसमें आधे से भी अधिक भारत का भाग सम्मिलित था।

इंदिरा गांधी मंत्रिमंडल के सदस्यों की ही इस बार भी चाँदी थी। मुखर्जी के हाथ में वित्त जैसा महत्वपूर्ण विभाग होने के साथ–साथ नए मंत्रीमंडल में उन्हें वाणिज्य और सप्लाई दो ऐसे विभाग दिए गए थे जिनमें पौ बारह माने जाते हैं। इंदिरा गांधी के चहेते विजय भास्कर रेड्डी को पहले विभाग के साथ-साथ उद्योग विभाग भी दे दिया गया था और जिस विभाग के अंतर्गत इंदिरा गांधी की सुरक्षा का उत्तरदायित्व था, जिसके अंतर्गत देश की शांति व्यवस्था का भार था और दोनों ही जो लड़खड़ा गए, उन्हीं नरसिम्हा राव को न केवल मंत्रिमंडल में रखा गया था अपितु उनका विभाग ही उनको फिर सौंप दिया गया था।

न केवल इतना अपितु दो दिन के कष्टप्रद सस्पैंस के बाद जब देखा तो पता चला कि इंदिरा गांधी के चारों ओर जो नौकरशाही का बोलबाला था, उसे ज्यों का त्यों बरकरार रखा गया था। जबकि धवन के भविष्य के विषय में कई अटकलें लगाई जा रही थीं। उनको अब फिर से प्रधानमंत्री का विशेष सहायक नियुक्त कर दिया गया था। शारदाप्रसाद, अलेक्जेंडर आदि सभी को अपने–अपने स्थान पर नियुक्त कर दिया गया था। किंतु उन्होंने नौकरशाही छोड़कर अब राजनीति में आना पसंद किया था। प्रधानमंत्री के परिवार में उनकी पूछ थी। पहले तो थी ही किंतु जनता पार्टी के शासनकाल में उन्होंने जो अतिरिक्त वफादारी दिखाई थी, उसका पुरस्कार उनको मिलता रहा।

न केवल इतना, कुछ दिन तक तो काँग्रेस महासमिति के महासचिव निरंतर यह कहते चले आ रहे थे कि प्रतिदिन के हज़ारों–हज़ारों पत्र अपने पार्टी के सदस्यों से प्राप्त कर रहे थे जिनमें यही लिखा होता था कि राजीव गांधी को काँग्रेस का अध्यक्ष बनाओ। न केवल इतना; काँग्रेस संसदीय दल की कार्यकारिणी के एक सदस्य एम. वी. चंद्रशेखर मूर्ति ने तो यहाँ तक कह दिया था, "हमें महान नेहरू परिवार के एक सदस्य के नेतृत्व में ही काँग्रेस पार्टी की शताब्दी मनाने दी जाए।" जबकि काँग्रेस के कार्यवाहक अध्यक्ष तो थे ही, इसलिए नए अध्यक्ष का चयन अभी कुछ समय के लिए आसानी से टाला जा सकता था। किंतु चाटुकारों को चैन कहाँ था?

फरवरी 1983 में जब राजीव गांधी को काँग्रेस पार्टी का महासचिव

नियुक्त किया गया था, तभी यह अनुमान लगा लिया गया था कि वे ही काँग्रेस के भावी अध्यक्ष बनाए जाएँगे। उस समय उनका काँग्रेस अध्यक्ष चुना जाना तो सिर्फ उस अनुमान को एक औपचारिक रूप देना मात्र था। काँग्रेस महासचिव के पद पर नियुक्त होने के बाद राजीव गांधी ने कोई प्रदेश ऐसा नहीं छोड़ा जहाँ वे न गए हों और वहाँ उन्होंने अपने लोगों का एक ग्रुप निर्माण न किया हो। यहाँ तक कि इंदिरा गांधी ने तो अपने काल में केवल दो बार ही इस प्रकार का दौरा किया था। एक बार 1971 में लोकसभा निर्वाचनों में अभूतपूर्व सफलता मिलने के बाद और एक बार 1977 और 1980 के मध्य में जनता पार्टी के शासन के अवसर पर जब वे बिल्कुल खाली थीं।

राजीव गांधी के परामर्श पर देशभर के सभी जनपदों में युवा कार्यकर्ताओं को यह जाँचने और रिपोर्ट देने के लिए भेजा गया था कि राज्य जो पैसा लगा रहे हैं, काँग्रेस पार्टी की दृष्टि से उनका कितना उपयोग है और निर्वाचन में उससे कितनी सहायता मिल सकती है। उन्होंने संगठन में भी भाँति-भाँति के परिवर्तन किए और स्थान-स्थान पर युवा काँग्रेसजन, विद्यार्थी वर्ग, सेवा दल, संसद सदस्य तथा विधायकों के शिविरों का आयोजन भी किया। यह सभी जानते थे कि सन् 1980 में काँग्रेस नकारात्मक वोट के आधार पर शासन में आ पाई थी। ठीक उसी प्रकार जिस प्रकार सन् 1977 में जनता पार्टी आई थी। 1980 में काँग्रेस पार्टी उतनी संगठित नहीं मानी जाती थी। राजीव गांधी ने इस ओर ध्यान दिया और संगठन को उससे बल मिला। यह निश्चित था कि श्रीमती गांधी जीवित रहतीं और उनकी पार्टी आगामी लोकसभा निर्वाचन में विजयी रहती तो राजीव गांधी को वे तुरंत काँग्रेस अध्यक्ष का भार सौंप देतीं। जैसा कि हम अन्यत्र भी संकेत कर आए हैं कि सन् 1984 के आरंभ में कोलकाता में जो काँग्रेस अधिवेशन हुआ था उसे राजीव गांधी का ही 'शो' माना गया था।

अरुण नेहरू और अरुण सिंह की ही भाँति एक अन्य व्यक्ति को राजीव गांधी ने अपना सलाहकार बनाया था। वे थे—सतीश शर्मा। सतीश शर्मा राजीव गांधी के सलाहकार बनने से पूर्व विमान चालक थे। वहीं से दोनों की मित्रता थी। यद्यपि उन्हें अभी पार्टी में कोई स्थान नहीं दिया गया था। अरुण नेहरू को भी पार्टी में कोई स्थान नहीं मिला था। लेकिन उस समय वे ही पार्टी में महासचिवों में सबसे अधिक प्रभावशाली बना दिए गए थे। सभी को विश्वास था कि कालांतर में इन दोनों को भी पार्टी में कोई महत्वपूर्ण स्थान दिया जाएगा।

जिस प्रकार डी.पी. धर और पी.एन. हकसर पृष्ठभूमि में रहकर श्रीमती गांधी को सलाह दिया करते थे कदाचित् सतीश की उस समय वही स्थिति थी। काँग्रेस में जो मुख्य समस्या थी और जो समस्या सदा ही रही है, वह थी—उसकी दलबंदी। इससे न श्रीमती इंदिरा गांधी बच सकी थीं और न श्री राजीव गांधी ही बच पाए।

तब जबकि लोकसभा निर्वाचन की तिथियों की घोषणा कर दी गई थी, उस स्थिति में काँग्रेस का टिकट प्राप्त करने के लिए कतारें लगनी आरंभ हो गई थीं। उस स्थिति में कुछ समय के लिए यह दलबंदी का खेल समाप्त नहीं तो हल्का अवश्य पड़ गया था। पार्टी में जहाँ अनेक दल थे, वहीं उन दलों के नेता भी थे और वे नेता परस्पर एक-दूसरे से आँख मिलाकर बात नहीं कर सकते थे। किंतु उस समय केवल दो प्रमुख दल थे या दो प्रकार के व्यक्ति उस समय काँग्रेस में थे, एक वे जो राजीव गांधी को पसंद करते थे और दूसरे वे जो राजीव गांधी को पसंद नहीं करते थे। यह तो श्रीमती गांधी का करिश्मा था कि जो इन दोनों प्रकार के दल वालों में संतुलन बनाए हुए थीं और इस प्रकार राजीव विरोधियों को उन्होंने एक प्रकार से दबाकर रखा हुआ था, भले ही वे भीतर-ही-भीतर कुढ़ रहे थे। क्योंकि जो राजीव विरोधी थे वे इंदिरा विरोधी नहीं थे। इसलिए वे जो कहती थीं, वह उन्हें मानना पड़ता था।

क्या अंतुले कभी महाराष्ट्र के मुख्यमंत्री पद से अपना अपमानजनक निष्कासन भूल सकते थे, किंतु जब तक इंदिरा गांधी जीवित रहीं उन्होंने कभी काँग्रेस के विरुद्ध आवाज़ उठाने का भी साहस नहीं किया था, उससे अलग होने की बात ही दूसरी थी। इसी प्रकार जगन्नाथ मिश्र, जो यह भली-भाँति जानते थे कि राजीव गांधी के कहने पर ही उनको बिहार के मुख्यमंत्री पद से हटाया गया, राजीव गांधी के प्रति उनका द्वेष कम नहीं हुआ था, किंतु उन्होंने भी दल के विरुद्ध न कुछ किया और न करने का साहस ही कर सकते थे। इस प्रकार एक नहीं अनेक थे जो इस स्थिति में रखे गए थे। शुक्ला थे जिनको मंत्रिमंडल में स्थान नहीं मिला था। कमलापति त्रिपाठी थे जिनकी सदा उपेक्षा होती रही थी। ब्रह्मानंद रेड्डी थे जो बहुत लम्बे समय से प्रतीक्षा की सूची में लटके हुए थे। यशवंत राव चह्वाण अभी अपने उस घाव को ही सहला रहे थे जो उनका महत्त्व घटाकर उनको लगा था। गुण्डुराव थे जो कि उत्सुकता से कर्नाटक के बादशाह बनने का स्वप्न संजोए हुए थे। रथ थे जिन्हें बुरी तरह से अपमानित किया गया था, किंतु उन्होंने पार्टी ही छोड़ दी थी।

कमलनाथ ने भी बड़ा जोर लगाया था कि मंत्रिमंडल में घुसपैठ हो जाए किंतु असफल रहे।

राजीव गांधी के पार्टी में आने के बाद पार्टी की छवि कुछ निखरी हो, यह बात भी नहीं थी। कर्मठ एवं निष्ठावान कार्यकर्ता हताश हुए थे।

यह देखना था कि आगामी निर्वाचनों तक इन सबके साथ राजीव गांधी की कैसी और किस प्रकार निभनी थी। काँग्रेस पार्टी की भीतरी स्थिति जो भी हो किंतु इस समय उनको इंदिरा गांधी की हत्या का लाभ अवश्य प्राप्त हुआ, अन्यथा इसके अभाव में उनकी क्या स्थिति होती, इसका अनुमान लगा पाना कठिन था। इंदिरा गांधी की हत्या का लाभ दो प्रकार से हुआ। एक तो यह कि इससे उन लोगों के मन में भी राजीव गांधी के प्रति सहानुभूति हो गई, जो अब तक उनके विरोध में कार्य करते थे। यदि यह दुर्घटना न हुई होती तो यह संभव नहीं था। दूसरे इस दुर्घटना ने मंच से उस निशाने को दूर कर दिया था जिसके आधार पर विरोधी दल उसके विरोध में एकत्रित होने का स्वप्न देख रहे थे। विपक्ष की एकता कोई खाला जी का घर नहीं था, सिर्फ इंदिरा गांधी के विरोध के रूप में वह संगठित होने की बात सोच रहा था कि अचानक उन पर भी यह वज्रपात हो गया। निकट भविष्य में इस प्रकार के किसी सम्मिलित संगठन की संभावना अब बिल्कुल भी नहीं रही थी। कहीं-कहीं सीटों में तालमेल भले ही हो जाता अन्यथा सभी पार्टियाँ, सभी स्थानों पर अपनी सामर्थ्य के अनुसार अपने उम्मीदवार खड़े करती।

इस स्थिति पर प्रकाश डालते हुए भारतीय जनता पार्टी के महासचिव श्री लालकृष्ण आडवाणी ने एक बार कहा था—"इंदिरा गांधी की हत्या ने विपक्ष और सत्तापक्ष का संतुलन अस्थायी रूप से बदल दिया है।"

काँग्रेस–आई की निर्वाचन में जीतने की सँभावनाएँ, भले ही वे किसी दुर्घटना के कारण थीं, सामयिक ही हो गई थीं। क्योंकि 1980 के निर्वाचनों के बाद देश में काँग्रेस की छवि निरंतर धूमिल होती जा रही थी। त्रिपुरा, पश्चिम बंगाल, आंध्र प्रदेश, कर्नाटक, जम्मू-कश्मीर में इसको विधानसभा के निर्वाचनों में पराजय का मुख देखना पड़ा और केरल में भी पूर्णतया विजय प्राप्त नहीं कर सकी। हाँ, मिल-मिलाकर मंत्रिमंडल में कुछ स्थान प्राप्त करने में सफल हो गई। उसका कारण भी यही था कि जिस पार्टी से वहाँ इसने तालमेल बिठाया था उसके जीतने के आसार अधिक थे। उत्तर भारत के दो राज्यों हिमाचल और हरियाणा में 'आयाराम गयाराम' और सदस्यों की खरीद के कारण काँग्रेस

मंत्रिमंडल बनाने में सफल हुई अन्यथा उन स्थानों पर भी बहुमत प्राप्त नहीं कर सकी। इससे भी बढ़कर बड़े भद्दे ढंग से तेलुगू देशम के रामाराव मंत्रिमंडल को गिराकर भास्कर राव मंत्रिमंडल बनाना बना था। जिसको तनिक भी बुद्धि थी और कुछ भी राजनीति के विषय में जानता था उसने भी इस कार्यवाही की निंदा की थी।

विशिष्ट विषयों पर राजीव गांधी के विशिष्ट विचार भी विपक्षी राजनीतिक नेताओं को चिंता में डालने वाले सिद्ध हो सकते थे। यद्यपि श्रीमती गांधी के साथ भी उनकी नोक-झोक चलती रहती थी, किंतु उनके साथ उनकी इस प्रकार की झड़प कभी नहीं हुई कि वे एक-दूसरे से आँख मिलाकर बात न कर सकें। किसी विषय विशेष पर मतभेद हो सकता था किंतु इंदिरा गांधी सबके विचारों को समझने का यत्न करती थीं। राजीव गांधी ने भी इस ओर विशेष ध्यान दिया था। वामपंथी लोग श्रीमती गांधी के चारों ओर स्वयं को सुरक्षित पाते थे। ज्योति बसु तथा इंद्रजीत गुप्त जैसे लोगों से उनके बहुत पुराने, द्वितीय विश्व युद्ध से भी पहले से संबंध थे। किंतु पश्चिम बंगाल में वामपंथी सरकार के प्रति राजीव गांधी के विचार मैत्रीभाव के नहीं थे, काँग्रेस कमेटी के कोलकाता अधिवेशन के अवसर पर उन्होंने सरकार के प्रति अपने विचारों को बड़े कठोर शब्दों में व्यक्त भी कर दिया था। इसका परिणाम उस समय तो स्पष्ट ही देखने में आ गया था जब राजीव गांधी ने राज्य सरकारों को कहा था कि वे इंदिरा गांधी के अस्थि कलश अपने राज्य में लेकर रखें और पश्चिम बंगाल की सरकार ने इस ओर बिल्कुल भी ध्यान नहीं दिया था।

इंदिरा गांधी का मान-सम्मान केवल इसलिए नहीं था कि वे प्रधानमंत्री की कुर्सी पर आसीन थीं। इसके अतिरिक्त भी उनका अपना व्यक्तित्व था, ऐसा व्यक्ति जिसका सानी आसानी से मिलना संभव नहीं था। राजीव गांधी और काँग्रेस पार्टी को इसका विकल्प तलाशना था। राजीव गांधी को उनके पद चिह्नों पर चलने में अनेक बाधाओं और कठिनाइयों का सामना करना पड़ा। उसके लिए उन्होंने उतना ही साहस भी दिखाया जो श्रीमती इंदिरा गांधी ने समय-समय पर दिखाया था।

भारत-पाक सीमा पर पहले से ही गड़बड़ चल रही थी। तनाव का वातावरण था। स्थिति यहाँ तक बिगड़ी हुई थी कि नव-निर्वाचित प्रधानमंत्री को शोक के अवसर पर भी शिष्टाचार को एक ओर रखकर अमेरिका के

राज्य सचिव जॉर्ज शुल्ज से भेंट के अवसर पर इसका उल्लेख करना पड़ा था और यह स्पष्ट कहना पड़ा था कि अमेरिका पाकिस्तान को शस्त्रास्त्र से सुसज्जित कर रहा है। इसी प्रकार पाकिस्तान के राष्ट्रपति जिया से उनको निबटना पड़ा। श्रीमती गांधी में यह प्रतिभा थी कि वे इन सब तनावों, गड़बड़ों और घुसपैठ के होते हुए भी उन सबसे निबटने की सामर्थ्य रखती थीं और साथ ही अंतर्राष्ट्रीय राजनीति में भी अपना स्थान बनाए हुए थीं। यह उनकी प्रतिभा और छवि के कारण ही था कि निर्गुट सम्मेलन की अध्यक्षा चुनी गई थीं और उनके बाद यह पद, यह सम्मान राजीव गांधी को भी प्राप्त हो गया था। श्रीमती गांधी जहाँ एक ओर सोवियत संघ से मित्रता के संबंध बनाए रखने में सफल रहीं, वहीं साथ ही वे उसके विरोधी अमेरिका और चीन से भी उतने ही मैत्रीपूर्ण संबंध बनाने में सफल रहीं। राजीव के साथ उस समय संसार की सहानुभूति थी। इसके साथ उनका नया राजनीतिक जीवन आरंभ हो रहा था जो कि उनके पक्ष में था। किंतु जब कूटनीति आरंभ होती है, उस समय भावनाएँ विलीन हो जाती हैं, यह भी उनके ध्यान में था।

कुछ लोगों का यह कहना था कि 'राजीव गांधी पर बड़प्पन लाद दिया गया था। यह तो अब भविष्य बताएगा कि इस बोझ को वे किस प्रकार वहन कर पाते हैं, कर पाते हैं या कि नहीं। कहीं ऐसा न हो कि परिस्थितियों से विवश होकर उनको झुकना न पड़ जाए।'

राजीव गांधी के कंधों पर 70 करोड़ भारतवासियों का नेतृत्व करने का भार आया था, यह उनके लिए सौभाग्य का विषय था। आशा थी कि समय के साथ-साथ उनके कंधे इस भार को वहन करने में समर्थ होते जाएँगे और देश प्रगति करता रहेगा।

अपने पंचवर्षीय कार्यकाल (1985-1989) में राजीव गांधी ने प्रशासन, आर्थिक और तकनीकी स्तर पर कई सुधार किए। न्यायिक और चुनाव सुधार के लिए संविधान में संशोधन किए। पंचायती राज लागू किया गया। मतदाता की आयु 21 वर्ष से घटाकर 18 वर्ष कर दीं। शिक्षा के क्षेत्र में उन्होंने इंदिरा गांधी राष्ट्रीय मुक्त विश्वविद्यालय, नई दिल्ली की स्थापना की जिससे आज देश-विदेश के लाखों विद्यार्थी लाभांवित हो रहे हैं। सार्वजनिक उद्योग, कृषि, ग्रामीण विकास कार्यक्रम, इंदिरा आवास योजना, देश की रक्षा, विकास, गरीबी के विरुद्ध संघर्ष, परिवार नियोजन, भूमि सुधार, महिला-बाल

और युवा वर्ग के लिए विशेष योजनाएँ, सबके लिए मकान, अनुसूचित जाति और जनजातियों के विकास की दिशा में ठोस कार्य, उपभोक्ता कल्याण, पर्यावरण की रक्षा आदि की दिशा में राजीव गांधी ने अपने प्रधानमंत्रित्व काल में समग्र रूप से कार्य किया और राष्ट्र विकास से जुड़ी अनेक योजनाओं को मूर्त रूप दिया।

बोफोर्स की गूँज

राजीव गांधी के प्रधानमंत्रित्व कार्यकाल में बोफोर्स तोप सौदा संपन्न हुआ। 1987 में इस सौदे की दलाली के एवज में मिले कमीशन में उनका भी नाम घसीटा गया। इससे उनकी प्रतिष्ठा को खासा आघात लगा। उनकी कुछ अन्य लोकलुभावन योजनाओं की असफलता ने भी उनकी छवि खराब की। परिणामस्वरूप 1989 में हुए नवीं लोकसभा के चुनावों में उनकी पार्टी हार गई। राजीव गांधी सत्ता से बाहर हो गए। वी.पी. सिंह की सरकार भी अधिक नहीं चली और दसवीं लोकसभा के चुनावों की तैयारी शुरू हो गई। इस बार पुनः काँग्रेस के सत्ता में आने के प्रबल आसार थे और राजीव गांधी फिर प्रधानमंत्री बनने जा रहे थे। वे दिन-रात चुनाव प्रचार कर रहे थे कि एक दिन श्रीपेरम्बुदूर की चुनावी सभा में एक मानव बम ने उनकी जान ले ली। वह दिन था—21 मई, 1991। यह केस (बोफोर्स) सोलह साल तक चला। अंततोगत्वा 4 फरवरी, 2004 को दिल्ली हाईकोर्ट द्वारा राजीव गांधी को क्लीन चिट दे दी गई।

12

21 मई, 1991

रात्रि के आठ बज रहे थे। चेन्नई के पुराने मीनाम्बकम हवाई अड्डे पर 70 वर्षीय मरागथम चंद्रशेखर; पूर्व प्रधानमंत्री व काँग्रेस (ई) के अध्यक्ष राजीव गांधी के आगमन का इंतजार कर रही थीं। उस समय लोकसभा के लिए चुनाव की तैयारी हो रही थी। मरागथम, श्रीपेरम्बुदूर संसदीय क्षेत्र से काँग्रेस की उम्मीदवार थीं। श्रीपेरम्बुदूर एक शांत व छोटा शहर है जो मद्रास (चेन्नई) शहर से 50 कि.मी. दूर दक्षिण-पश्चिम में स्थित है। राजीव गांधी ने स्वयं ही अपने चुनावी दौर के पड़ाव में श्रीपेरम्बुदूर का चयन किया था। मरागथम श्रीमती इंदिरा गांधी की नज़दीकी सहयोगी थीं। हवाई अड्डे पर उनके साथ काँग्रेस के पूर्व अध्यक्ष वजापडी रामामूर्ति एवं जी.के. मूपनार भी इंतजार कर रहे थे।

तमिलनाडु में काँग्रेस पार्टी का विभाजन हो चुका था। जहाँ एक खेमा रामामूर्ति के नेतृत्व में ऑल इंडिया अन्ना द्रविड़ मुनेत्र कषघम पार्टी की जयललिता के साथ था, वहीं दूसरा खेमा जी.के. मूपनार के नेतृत्व में उपर्युक्त गठबंधन का तीखा प्रतिकार कर रहा था। फिर भी चुनावी दृष्टिकोण से उन दोनों विरोधियों में कुछ समरूपता थी। तमिलनाडु का चुनाव स्वतंत्र रूप से लड़ने का इसका प्रयास (1988-89) ए.आई.ए.डी.एम.के. के सुप्रीमो व जयललिता के गुरु एम.जी. रामचंद्रन की मृत्यु के पश्चात् बुरी तरह विफल रहा। सामान्य रूप से यह उम्मीद की जा रही थी कि नई साँठगाँठ व राजीव के दौरे का सकारात्मक परिणाम निकलेगा। रामामूर्ति को पूर्ण विश्वास था कि नया चुनावी तालमेल स्वयं जीत के कगार पर है, अत: राजीव के दौरे की तमिलनाडु में आवश्यकता नहीं है।

इंतजार कर रहे लोगों के समूह से थोड़ा आगे राज्य पुलिस की विशेष

शाखा के अधिकारीगण सुरक्षा के लिए तैनात थे। राजीव गांधी हालांकि तब प्रधानमंत्री नहीं थे किंतु विभिन्न उग्रवादी संगठनों द्वारा जारी हिटलिस्ट में उनका नाम होने तथा ऐसी कई धमकियों के कारण उनके लिए कड़ी सुरक्षा व्यवस्था की गई थी। राजीव गांधी के निजी सुरक्षा अधिकारी पी.के. गुप्ता, उनके आगमन के इंतजार में खड़े अधिकारियों के साथ हो लिए। उनको एक अन्य सुरक्षा अधिकारी ओ.पी. सागर से ड्यूटी बदलनी थी जो राजीव के चुनावी दौरे में उड़ीसा व आंध्र प्रदेश में उनके साथ-साथ थे।

राजीव गांधी ने 20 मई, 1991 को दोपहर में चुनावी अभियान के अंतिम दौर के लिए नई दिल्ली से प्रस्थान किया। कॉँग्रेस पार्टी द्वारा भाड़े पर लिए गए दिल्ली फ्लाइंग क्लब के किंग एयर एयरक्राफ्ट से उड़ान भरी ताकि दूरदराज के संसदीय क्षेत्रों में दौरा संभव हो सके। उनको उड़ीसा, आंध्र प्रदेश, तमिलनाडु एवं कर्नाटक राज्य का दौरा करना था तथा 22 मई को नई दिल्ली वापस आना था। उनके साथ प्रेस सलाहकार सुमन दुबे, निजी सुरक्षा अधिकारी ओ.पी. सागर; कुछ बुल्गेरियन पत्रकार व जहाज़ पर क्रूव के सदस्य थे जो उनके जाने-पहचाने मित्र थे। उड़ीसा व आंध्र प्रदेश के कुछ इलाकों के दौरे के बाद राजीव गांधी को विशाखापट्टनम से 21 मई की सायंकाल में चेन्नई के लिए रवाना होना था। जैसे ही विशाखापट्टनम से उड़ने की तैयारी हुई तभी पायलट कैप्टन चंडोक ने पाया कि विमान का संचार तंत्र कार्य नहीं कर रहा है। स्वयं सरकारी एयरलाइंस में पायलट रह चुके राजीव गांधी ने मशीन को ठीक करने की कोशिश की किंतु विफल रहे। उन्होंने विशाखापट्टनम में रात्रि विश्राम का निर्णय लिया। लेकिन नियति को कुछ और ही मंजूर था।

राजीव के हवाई अड्डे से जाने के बाद किंग एयर के विमान अभियंता ने समस्या को पहचान लिया कि स्विच में खराबी है तथा विमान में उपलब्ध अन्य स्विच लगाकर मशीन को ठीक कर दिया। विमान के चालक दल के सदस्यों ने तत्काल राजीव से संपर्क स्थापित किया और वे वापस हवाई अड्डे आए। उनके निजी सुरक्षा अधिकारी सागर किसी और गाड़ी से हवाई अड्डे से बाहर थे। वे उन हथियारों के साथ पीछे छूट गए जिन्हें उन्हें चेन्नई में मौजूद सुरक्षा अधिकारी को सुपुर्द करना था। राजीव गांधी को लेकर सायं 6:30 बजे विमान उड़ गया। उन्होंने शायद ही सोचा होगा कि यह उनकी आखिरी उड़ान होगी।

विमान रात्रि 8:20 बजे चेन्नई उतरा जहाँ से राजीव गांधी ने मरागथम, रामामूर्ति व निजी सुरक्षा अधिकारी के साथ बुलेट-प्रूफ कार से प्रस्थान किया। रास्ते में उन्होंने पोरुर व पूनामल्ली में बैठकों को संबोधित किया। राजीव के प्रेस सलाहकार ने न्यूयॉर्क टाइम्स व गल्फ़ न्यूज के दो पत्रकारों के साथ उनके इंटरव्यू की व्यवस्था की। पत्रकार—राजीव व मरागथम के साथ कार में पोरुर से श्रीपेरम्बुदूर तक गए। मरागथम के प्रमुख सहयोगी ए.जे. डॉस नियोजित जनसभा स्थल पर, जहाँ राजीव को संबोधित करना था, तैयारियों में जुटे थे।

जी.डब्ल्यू.टी. बाई पास व ग्रांड वेस्टर्न ट्रंक रोड के पश्चिम स्थित सभा स्थल के आसपास के रास्ते भीड़ से खचाखच भरे पड़े थे। लोगों ने वहाँ सायं छः बजे से ही एकत्रित होना शुरू कर दिया था। व्यवस्थापक डॉस व्यस्त थे क्योंकि राजीव गांधी के आगमन का समय करीब था। राजीव गांधी के सम्मान में एक विशेष सांस्कृतिक कार्यक्रम का आयोजन किया गया था। इसका संचालन मंच पर से किया जा रहा था जो राजीव व इंदिरा के आदमकद कटआउट से लदा हुआ था। चकाचौंध रोशनी, ऊँचा संगीत व उमड़ती भीड़ ने उस बंजर खाली ज़मीन में जान डाल दी थी। शायद काँग्रेस कार्यकर्ताओं ने इस स्थान का चयन इसकी क्षमता के कारण ही किया था।

इस सभा को सफल बनाने के लिए व्यापक व्यवस्था की गई थी। काँग्रेस के कार्यकर्ताओं के लिए राजीव गांधी सिर्फ उनके पार्टी के राष्ट्रीय अध्यक्ष ही नहीं बल्कि उनके लिए वोट जुटाने वाले प्रमुख नेता थे। आगमन के साथ ही राजीव को सभास्थल से लगभग सौ मीटर की दूरी पर स्थित इंदिरा की प्रतिमा पर माल्यार्पण करना था। फिर सभास्थल पहुँचकर सतह पर बिछे लाल कारपेट पर चलते हुए सीढ़ियों से मंच तक पहुँचना था। लाल कारपेट के दोनों तरफ लकड़ी की अस्थायी बाड़ लगी हुई थी। इस बाड़ के पीछे से आम जनता राजीव का अभिवादन कर सकती थी। फिर वे मंच के पास तक पहुँचते जहाँ पार्टी के कुछ कार्यकर्त्ताओं द्वारा उनका अभिवादन तय था जबकि कुछ अन्य कार्यकर्त्ताओं द्वारा मंच पर माल्यार्पण होना था। तब सभा प्रारंभ होती। सभा का लम्बे समय तक चलना स्पष्ट था जिसका आरंभ शीघ्र होने वाला था।

मंच से थोड़ी दूरी पर खड़े डॉस अन्य दायित्वों के निर्वहन में व्यस्त थे। डॉस, मरागथम के सबसे विश्वासपात्र सहयोगी थे और उनको प्रत्येक कार्य सफलतापूर्वक निबटाना था। उन्हें उन लोगों के नाम भी तय करने थे जो

लाल कारपेट क्षेत्र में राजीव के आगमन पर उनका स्वागत करने वाले थे। किसी भी परिस्थिति में यह आवश्यक था कि जिन लोगों को राजीव के पास खड़े होना था, उनके ऊपर भी नज़र रखी जाए। इस कार्य के लिए एक स्थानीय सब-इंस्पेक्टर को तैनात किया गया जो उन लोगों के नाम की तालिका तैयार कर प्रत्येक की तलाशी लेने के बाद यह तय करता कि वे राजीव के आसपास खड़े हो सकते हैं अन्यथा नहीं।

सभास्थल की संपूर्ण सुरक्षा की ज़िम्मेदारी गौरवशाली भारतीय पुलिस सेवा के सदस्य व इंस्पेक्टर जनरल श्री आर.के. राघवन पर थी। राजीव गांधी के श्रीपेरम्बुदूर व तमिलनाडु के अन्य हिस्सों में चुनावी सभा को संबोधित करने की खबर 17 मई को ज्यों ही तय हुई, राज्य व केन्द्र की विभिन्न खुफिया एजेंसियों द्वारा सुरक्षा के पुख्ता इंतजाम की तैयारियाँ शुरू हो गई थीं।

20 मई को सभास्थल एवं वहाँ उपस्थित भीड़ की सुरक्षा हेतु निर्देश जारी कर दिया गया था। राजीव के साथ या आसपास खड़े होने वाले लोगों की तालिका तैयार करने व उनकी तलाशी हेतु व्यवस्थापकों के साथ एक सब-इंस्पेक्टर की तैनाती कर दी गई। सब-इंस्पेक्टर के इस कार्य में सहयोग करने के लिए अन्य दो लोगों को मेटल डिटेक्टर के साथ खड़ा किया गया। सभास्थल पर सुरक्षा के मद्देनज़र 300 से अधिक सुरक्षाकर्मी लगाए गए जिनमें सब-इंस्पेक्टर अनसूइया भी थी। अनसूइया कुछ अन्य महिला कांस्टेबलों के साथ लाल कारपेट क्षेत्र में तैनात थी। सामान्यत: महिलाओं की तलाशी पुरुष नहीं करते और दो महिलाओं को सिर्फ भीड़ नियंत्रित करने के लिए लगाया गया था, उनसे न तो महिलाओं की तलाशी के लिए कहा गया और न मेटल डिटेक्टर ही उपलब्ध कराया गया था।

इस तरह की व्यवस्था से राघवन नाखुश लग रहे थे तथा वहाँ मौजूद अन्य अधिकारीगण भी संतुष्ट नहीं थे। लकड़ी की बाड़ भी निर्देशानुसार नहीं लगाई गई थी। निर्देशों के मुताबिक व्यवस्था के मुद्दे पर काँग्रेस के व्यवस्थापक कड़ी प्रतिक्रिया जता रहे थे। पुलिस बल द्वारा सुझाई गई व्यवस्था से कार्यकर्त्ताओं में चिढ़ मच रही थी और इसे प्राथमिकता नहीं दी गई।

जब डॉस कुछ पल के लिए संगीत कार्यक्रम के बीच चकाचौंध रोशनी में खड़े दिखे तो कार्यकर्त्ताओं ने उन्हें उन नामों की तालिका तैयार करने के लिए दबाव डालना शुरू कर दिया। अनुरोध करने वालों में आराकोनम से आई

लता कानन, जो मरागथम की पुत्री लता प्रियाकुमार के लिए कार्य कर रही थी, भी शामिल थी। वह अपनी पुत्री कोकिला के साथ थी।

लता कानन कुछ महीने पहले ही काँग्रेस में शामिल हुई थी। काँग्रेस में शामिल होकर वह खासी उत्साहित थी। मई के प्रारंभिक सप्ताह में लता कानन ने अपने पिता द्वारा लिखी हुई एक कविता जिसका हिंदी अनुवाद उनकी पुत्री कोकिला ने किया था, राजीव गांधी के पास भेजी थी। उनकी इच्छा थी कि इस कविता का पाठ उनकी पुत्री राजीव के सामने स्वयं करे।

चूँकि लता कानन किसी अन्य संसदीय क्षेत्र से संबंध रखती थी, अतः डॉस उन्हें नहीं पहचानते थे। लता किसी परिचित की तलाश में थी ताकि वह डॉस से उसका परिचय करा दे और उसकी बेटी का नाम भी तालिका में जुड़ जाए। इतने में रात 9:15 बजे लता प्रियाकुमार जिनके लिए लता कानन काम करती थी, सभास्थल पहुँचीं। कानन के आग्रह पर प्रियाकुमार डॉस से मिली और कोकिला का नाम राजीव के सामने कविता पढ़ने के लिए लिखवाया। इसके तुरंत बाद प्रियाकुमार इंदिरा की प्रतिमा की तरफ बढ़ गईं जहाँ उनको राजीव का स्वागत करना था।

डॉस ने कोकिला का नाम पास करके पुलिस को दे दिया। इस तालिका में 23 लोगों के नाम थे जिनमें कोकिला को छोड़ शेष पुरुष थे। इनमें तीन लोग राजीव का माल्यार्पण करने वाले थे तथा शेष लाल कारपेट क्षेत्र में मंच पर जाते हुए उनका अभिवादन करते।

राजीव का अभिवादन करने वालों में लता कानन का नाम भी जुड़ गया जिससे वह काफी आनंदित थी। पीछे-पीछे चश्मा लगाए एक औरत थी जो हरी व नारंगी सलवार कमीज में थी। उसके हाथ में चंदन की माला थी। इस औरत पर शायद ही किसी ने ध्यान दिया। कुछ ही पल पहले उसे लता कानन के साथ देखा गया, वह एक फोटोग्राफर, जिसे अन्य फोटोग्राफर व पत्रकार जानते थे जिनमें हरिबाबू भी थे और तीन अन्य सहयोगियों जिनमें दो महिलाएँ फैशनेबल साड़ियों में तथा चश्मा लगाए एक पुरुष सफेद कुर्त्ते-पायजामे में था, अपना नाम प्रस्तावित कराने की कोशिश में डॉस के पास खड़ी लता कानन के पास पहुँचे। उनमें साड़ी वाली एक औरत ने भी लता कानन से उस चश्मे वाली औरत को राजीव का माल्यार्पण करने की इच्छा जताई।

जब कोकिला व लता कानन अन्य लोगों के साथ कुछ दूरी पर राजीव के आगमन का इंतजार कर रहे थे तभी चश्मे वाली औरत भी उनके साथ शामिल हुई। उसके साथ की महिलाएँ सभास्थल पर उपस्थित अन्य महिलाओं के बीच जाकर बैठ गईं। तभी हरिबाबू ने अपने चिनॉन कैमरा को, जिसे इस विशेष सभा का फोटोग्राफ लेने के लिए किसी से उधार लाए थे, चालू किया और पहला फोटो लिया। सफेद कुर्ते-पायजामे वाला वह आदमी अपने हाथ में नोट पैड व कलम लेकर कुछ दूरी पर खड़ा था जो वहाँ उपस्थित अन्य पत्रकारों जैसा ही दिख रहा था। तभी हरिबाबू मुड़े और उस चश्मेवाली महिला की एक तस्वीर ली, उसकी अन्य साथी महिलाएँ कुछ दूरी पर एक कोने में बैठी थीं जो अपनी फैशनेबल साड़ियों के कारण स्पष्ट पहचानी जा सकती थीं।

अनसूइया, अन्य महिला कांस्टेबल के साथ लाल कारपेट क्षेत्र में थी। उसके आसपास काफी भीड़ थी। मंच से कुछ दूर खड़े डॉस के पास कार्यकर्त्ताओं का हुजूम अपना-अपना नाम पास कराने के लिए इकट्ठा हो गया था। जिनका नाम पास हो गया था, वे आसपास इकट्ठा थे। उनमें से कुछ लोगों की पुलिस ने तलाशी ली। स्पष्टत: जितने लोगों का नाम प्रस्तावित था उससे ज्यादा लोग लाल कारपेट क्षेत्र में मौजूद थे। अब पुलिस का मानना था कि संयोजक स्वयं अपने कार्यकर्त्ताओं की भीड़ को नियोजित करें और डॉस का मानना था कि स्वयं पुलिस प्रस्तावित तालिका का अनुसरण करे तथा अतिरिक्त लोगों को लाल कारपेट क्षेत्र से बाहर करे।

राजीव के आगमन की सूचना के साथ संगीत का कार्यक्रम बंद हो गया। डॉस ने घोषणा की कि जो लोग लाल कारपेट क्षेत्र में राजीव का अभिवादन करने वाले हैं वे तैयार हो जाएँ। लता कानन के पीछे खड़ी कोकिला उस क्षण का व्याकुलता से इंतजार कर रही थी, जब राजीव उससे मुखातिब होते। वह पीछे खड़ी चश्मे वाली औरत, जिसके हाथ में चंदन की माला थी, से बेखबर थी। वास्तव में उस समय तक कोई बात नहीं थी।

मंच से कुछ मीटर की दूरी पर राजीव ने अपनी माँ की प्रतिमा पर माल्यार्पण किया जहाँ एक छोटा जनसमूह उनके स्वागत के लिए खड़ा था। तुरंत बाद राजीव को मंच की ओर लाया गया। जब राजीव कार से बाहर निकले और हवा में हाथ लहराते हुए लोगों को अभिवादन किया।

उस समय रात्रि के 10:10 बज रहे थे। वजापडी रामामूर्ति जो कि एक अन्य जीप में तमिलनाडु काँग्रेस पार्टी द्वारा बुलाए गए विडियोग्राफर के साथ थे, सबसे पहले मंच पर आए। जब राजीव लकड़ी की बनी बाड़ के करीब अपने प्रशंसकों से हाथ मिला रहे थे, मंच से रामामूर्ति देख रहे थे। उधर दो विदेशी पत्रकारों के बीच दबी मरागथम को कार से बाहर आने में थोड़ा वक्त लगा लेकिन जल्द ही वे राजीव के साथ हो गईं तथा अपने समर्थकों का परिचय कराने के लिए लाल कारपेट क्षेत्र की तरफ बढ़ने लगीं। उनके आसपास काफी भीड़ उमड़ पड़ी। एक कार्यकर्त्ता ने राजीव को चादर भेंटकर उनको दोनों हाथों से पकड़ रखा था ताकि एक फोटोग्राफ लिया जा सके। मरागथम ने उसे अलग करना चाहा लेकिन स्वयं संतुलन खो बैठीं और पीछे की ओर लड़खड़ा गईं। सादे कपड़ों में राजीव की सुरक्षा हेतु तैनात पुलिसकर्मियों को भीड़ से राजीव को अलग हटाने के लिए काफी मशक्कत करनी पड़ रही थी।

अपने चारों ओर उत्साहित प्रशंसकों से घिरे राजीव मंच के करीब पहुँचे। मंच पर उपस्थित विडियोग्राफरों को भीड़ में छिपे राजीव का शॉट लेने में काफी कठिनाई हो रही थी। अंततः उन्होंने कैमरे ऑफ कर लिए।

अपने पुरुष समर्थकों का अभिवादन स्वीकार करने के बाद राजीव गांधी महिलाओं की कतार की ओर चले जहाँ कुछ पार्टी कार्यकर्त्ताओं ने उनका अभिवादन किया। कोकिला अपनी माँ लता कानन के पास खड़ी थी; उसने राजीव गांधी के सामने कविता का पाठ किया। चश्मे वाली एक औरत, हरी व नारंगी सलवार-कमीज में कोकिला के ठीक पीछे खड़ी थी। उसने राजीव की तरफ कदम बढ़ाए। जैसे ही अनसूइया ने उसका हाथ पकड़कर खींचना चाहा, राजीव ने ऐसा करने से मना कर दिया। जैसे ही अनसूइया पीछे हटी, चश्मे वाली औरत आगे बढ़कर राजीव के सामने खड़ी हो गई। चंदन की माला राजीव गांधी के गले में डाली। फिर वह मानो राजीव के चरण छूने के लिए झुकी, तभी अचानक तेज धमाका हुआ। आग की लपटें व धुआँ लगभग 20 फीट तक ऊपर उठने लगा। जब धुआँ छटा तो वहाँ कोई भी जीवित नहीं मिला।

चारों तरफ बिखरे पड़े माँस के लोथड़े व रक्त के प्रवाह ने उपस्थित लोगों को चेतनाशून्य बना दिया। चश्मेवाली हरी व नारंगी कपड़ों में लिपटी वह

औरत, लता कानन, कोकिला, हरिबाबू, राजीव के निजी सुरक्षा अधिकारी के साथ-साथ पंद्रह लोगों की घटनास्थल पर ही मौत हो गई तथा अन्य तीन लोगों की मृत्यु अस्पताल में हुई। मरने वालों में नौ पुलिसकर्मी थे, जिनमें ज़िला पुलिस प्रमुख मो. इकबाल भी शामिल थे। 44 अन्य घायल हुए जिनमें 20 से ज्यादा गंभीर रूप से घायल थे। सभास्थल पर राजीव व अन्य लोगों के अंतिम फोटोग्राफ के साथ हरिबाबू का कैमरा एक मौन गवाह के रूप में अपने तत्कालीन मालिक के ऊपर पड़ा था।

धुएँ के छटते ही वहाँ भगदड़ मच गई। सैकड़ों कार्यकर्त्ता व पुलिसकर्मी भयाक्रांत होकर भाग खड़े हुए। कुछ लोग अपनी या किसी अन्य की गाड़ी में भागे। लेकिन कुछ कार्यकर्त्ता व पुलिस अधिकारी घटनास्थल पर डटे रहे। मूपनार व रामामूर्ति राजीव को तलाश रहे थे। जब धमाका हुआ उस समय रामामूर्ति मंच पर थे जबकि मूपनार इंदिरा की प्रतिमा के पास से सभास्थल की ओर बढ़ रहे थे। दोनों घटनास्थल की ओर भागे जहाँ 'लोट्टो' के जूते द्वारा यह पहचाना जा सका कि राजीव अब नहीं रहे।

जब मूपनार ने राजीव का हाथ पकड़कर उठाना चाहा तो उनके हाथ में मांस का लोथड़ा आ गया। उन्होंने राजीव के शरीर पर चादर डाल दी तथा दूसरी तरफ पलट कर सीधा किया क्योंकि उनका चेहरा ज़मीन की ओर था। जहाँ राजीव का मृत शरीर पड़ा था, वहाँ लाल कारपेट के कुछ हिस्सों में आग लग गई थी। राघवन ने आग बुझाई। उन्हें पता था कि धमाके के बाद जो कुछ भी बचा है साक्ष्य के लिए उसकी अति आवश्यकता थी। छोटी-छोटी चीज़ें भी अन्वेषण के दौरान महत्वपूर्ण होंगी। जब राजीव का मृत शरीर चेन्नई अस्पताल में परीक्षण के लिए पुलिस वैन में ले जाया जा रहा था; राघवन ने एक पुलिसकर्मी को चिनॉन कैमरा उठाने के लिए आदेश दिया। राघवन घटनास्थल पर ही मौजूद रहे; जब तक कि वहाँ पड़े मृत शरीर अन्त्यपरीक्षण के लिए ले जाए जा रहे थे। वे इसलिए भी खड़े रहे ताकि कोई साक्ष्य गुम न हो जाए।

अन्त्यपरीक्षण के बाद राजीव गांधी का शव हवाई अड्डे लाया गया, जहाँ उनकी पत्नी सोनिया गांधी एवं पुत्री प्रियंका अभी-अभी वायुसेना के एक विशेष विमान से नई दिल्ली से पहुँचे थे तथा राजीव का जो कुछ बचा शरीर था उसे लेकर वापस नई दिल्ली के लिए रवाना हो गए। तब 22 मई सुबह का समय था।

उस समय तमिलनाडु में केंद्र का प्रत्यक्ष शासन चल रहा था। कानून व्यवस्था की गिरती साख के कारण कुछ ही महीने पहले वहाँ सत्तासीन डी.एम.के. सरकार को बर्खास्त कर दिया गया था। तब राज्यपाल भीष्म नारायण सिंह की देखरेख में राज्य सरकार की कार्यवाही चल रही थी जिसमें पहला काम इस हत्या के अन्वेषण के लिए मामला सी.बी.आई. को सुपुर्द करना था।

13

मुकदमा तथा फैसला

राजीव गांधी हत्याकांड की जाँच के लिए एक स्पेशल इंवेस्टिगेशन टीम (एस.आई.टी.) गठित की गई थी; जिसका नेतृत्व सी.बी.आई. के ज्वाइंट डायरेक्टर श्री डी.आर. कार्त्तिकेयन ने किया था। इस टीम में उनके अतिरिक्त 70 अन्य पुलिस अधिकारियों ने सहयोग दिया था। उस मुकदमे तथा फैसले का घटनाक्रम उन्हीं के शब्दों में प्रस्तुत है :

तमिलनाडु में पहली बार टाडा का आह्वान राजीव गांधी हत्याकांड मुकदमे में हुआ था। इस कानून के अंतर्गत एक मनोनीत न्यायालय शीघ्रतापूर्ण मुकदमा चलाता है। इस मुकदमे के लिए एस.एम. सिडीक को मनोनीत किया गया था। मनोनीत न्यायालय में, हमारी जाँच के दौरान तथा चार्ज-शीट मनोनीत अदालत में दायर होने से पहले ही अभियुक्तों ने 112 याचिकाएँ, अधिकतर मनोनीत न्यायालय में और कुछ चेन्नई उच्च न्यायालय में तथा कुछ सुप्रीम कोर्ट ऑफ इंडिया में दर्ज कर दी थीं। इनमें से हर याचिका का एस.आई.टी. द्वारा विरोध करना आवश्यक था। एक प्रख्यात अभियोजक स्वर्गीय पी. राजामनिकम की अगुवाई में जाँच अधिकारी तथा सी.बी.आई. के अभियोजक उन सभी याचिकाओं को खारिज कर पाए। इनमें से कुछ याचिकाएँ टाडा के आह्वान के विरुद्ध थीं और कई ज़मानत याचिकाएँ थीं।

इनमें सबसे दिलचस्प याचिका थी जो अभियुक्त धनसेकरन ने दायर की थी, जब उसको एस.आई.टी. के समक्ष पेश होने का नोटिस दिया गया था। इस नोटिस को भेजने के समय हमें यह ठीक से मालूम नहीं था कि धनसेकरन और मैटूर का राजू एक ही व्यक्ति तो नहीं है हालांकि हमें इस बात का शक जरूर था। मैटूर के राजू नाम के एक परिवाहक ने सिवरासन

तथा शुभा को अपने टैंकर में छिपाकर चेन्नई से बाहर निकाला था। उच्च न्यायालय में धनसेकरन की याचिका यह थी कि एस.आई.टी. की जाँच के दौरान उसका वकील उसके साथ होना चाहिए। 9 अक्टूबर, 1991 को यह नोटिस, धनसेकरन के भाई को पकड़ा गया क्योंकि उस समय धनसेकरन घर पर नहीं था और उसको 12 अक्टूबर, 1991 को एस.आई.टी. के समक्ष पेश होने के लिए कहा गया। परंतु उसके घर की तलाशी के दौरान हमने धनसेकरन का एक छायाचित्र बरामद किया। चेन्नई के एस.आई.टी. ऑफिस से मैटूर जाते हुए रास्ते में हम पूनामल्ली उप जेल गए जहाँ रंगन तथा विक्कि को धनसेकरन का छायाचित्र दिखाया गया। दोनों ने इस बात की पुष्टि की कि वही मैटूर का राजू था। इसके बाद से धनसेकरन इस मुकदमे में आरोपी बन गया।

इसी बीच धनसेकरन की अपील पर उच्च न्यायालय ने आदेश दिया—"पाए गए सम्मन के पालन हेतु फरियादी से पूछताछ 16 अक्टूबर, 1991 को सी.बी.आई., ग्रीनवेस रोड, चेन्नई के इंस्पेक्टर जनरल ऑफ पुलिस की उपस्थिति में पुलिस अधीक्षक द्वारा की जाएगी तथा फरियादी उस दिन सुबह 10 बजे प्रस्तुत होना चाहिए।" इस आदेश के बाद 12 अक्टूबर को धनसेकरन मैटूर में स्थानीय पुलिस के पास गया और पूछा कि पुलिस उसे क्यों ढूँढ़ रही है? इत्तफाकन हमने धनसेकरन के घर की तलाशी में स्थानीय पुलिस की भी सहायता ली थी। स्थानीय पुलिस स्टेशन प्रभारी ने एकदम एस.आई.टी. से सम्पर्क किया और धनसेकरन की पुलिस स्टेशन में उपस्थिति के बारे में बताया। कुछ सोच-विचार के बाद हमने उस स्थानीय पुलिस अफसर से धनसेकरन को रोके रखने के लिए कहा। हमारी एक टीम एस.आई.टी. के सार्वजनिक अभियोजक ई.जे.आर. डेनियल के साथ मैटूर के लिए रवाना हो गई।

हमें उच्च न्यायालय का आदेश ध्यान में रखना था जिसके अनुसार धनसेकरन को हमारे सामने 16 अक्टूबर को पेश होना था। यह आदेश हमारे सम्मन के पालन से संबंद्धित था और जिस समय सम्मन जारी किया गया था धनसेकरन केवल एक संदिग्ध व्यक्ति ही था। फिर भी सम्मन जारी होने के बाद और अब तक में स्थिति बदल चुकी थी, क्योंकि बाद में शाम को दूसरे आरोपी ने अपने आपको मैटूर का राजू बताया था। वह व्यक्ति जिसने अपने

टैंकर में सिवरासन तथा उसके भगोड़े दल को निकाल भगाया था। इस दृष्टि से बिना कोई समय नष्ट किए हम उसे पकड़ना चाहते थे क्योंकि हम उस टैंकर को भी बरामद करना चाहते थे।

हम जल्दी मैटूर पुलिस स्टेशन पहुँचे और उसका सामना सारे प्रमाणों से करा दिया। शुरू की आनाकानी के बाद धनसेकरन टूट गया और उसने सारे तथ्यों का खुलासा कर दिया। धनसेकरन की उधार की रकम की अदायगी न कर पाने की स्थिति में उस फर्म ने जिसने टैंकर की खरीद के लिए उधार दिया था, टैंकर को जब्त कर लिया था। इस फर्म की सहायता से खरीदे गए टैंकर की पहचान छुपाने के इरादे से धनसेकरन ने एक अन्य किसी दुर्घटनाग्रस्त बंद पड़े टैंकर की नम्बर प्लेट इसमें लगा दी थी। अगले दिन राजीव गांधी हत्याकांड मुकदमे में उसे हिरासत में लेने के बाद हमने वह टैंकर भी बरामद कर लिया।

इस पर धनसेकरन की पत्नी ने हम पर न्यायालय की मानहानि की याचिका दायर कर दी कि उच्च न्यायालय के उस आदेश के रहते कि वह 16 तारीख को पेश हो, हमने उसे पकड़ लिया था। हमने कोर्ट को सम्मान सहित बताया कि हालात बदल चुके थे और धनसेकरन को पकड़कर जल्द से जल्द उस टैंकर को बरामद करना चाहते थे। तब कोर्ट ने उस याचिका को खारिज करते हुए कहा—"वह बताए गए तथ्यों से सहमत है तथा यह नहीं कहा जा सकता कि प्रतिवादी ने कोर्ट की आज्ञा की अवज्ञा की है।"

जाँच-पड़ताल के दौरान संदिग्ध अपराधियों को पूनामल्ली उपजेल में रखने के लिए हमने प्रदेश सरकार से आवेदन किया था तथा उनकी सहमति भी प्राप्त कर ली थी। यह उपजेल एस.आई.टी. कार्यालय से करीब 25 कि.मी. दूर थी। टाडा अधिनियम के अनुसार 60 दिन की पुलिस हिरासत के बाद अपराधियों को न्यायिक हिरासत में भेजने का प्रावधान था। न्यायिक जेल चेंगलपट्टु में थी जो थोड़ा और आगे था। जब भी हिरासत का समय बढ़ाना होता था, अपराधी को मनोनीत न्यायालय में प्रस्तुत करना पड़ता था जिसका कार्यालय चेन्नई में था। परंतु टाडा के प्रावधानों के अंतर्गत अपराधियों की सुरक्षा ध्यान में रखते हुए, कानूनी कार्यवाही चेंगलपट्टु से 25 कि.मी. दूर चेन्नई ले जाना सुरक्षा की दृष्टि से खतरनाक था। टाडा अधिनियम में, सुरक्षा को ध्यान में रखते हुए इस

प्रावधान से आसानी हो गई थी कि न्यायाधीश चलकर चेंगलपट्टु आए। ऐसी सभी बातों का ध्यान जाँचकर्त्ताओं व अभियोजकों को रखना पड़ता था। साथ-साथ इसके कि वे जाँच-पड़ताल के अन्य पहलुओं को भी देखें और मुकदमे के अन्य अस्पष्ट मुद्दों को भी सँभालें।

सुरक्षा को ध्यान में रखते हुए, अभियुक्तों को चेंगलपट्टु उपजेल में अलग-अलग कोठरियों में रखा गया। तमिलनाडु जेल नियमावली के अनुसार यह ठीक था। परंतु यह भी एक याचिका का कारण बन गया था। आई.जी. (जेल) इस जेल के प्रभारी थे और हमारी इस सबमें कोई भूमिका नहीं थी। अभियुक्तों ने अलग-अलग कोठरियों में रखे जाने के विरोध में एक याचिका दायर की थी। एस.आई.टी. को भी इसमें पार्टी बनाया गया। जब यह याचिका एक खंड पीठ के सामने आई तब सब पक्षों की दलीलें सुनने के बाद उच्च न्यायालय ने आई.जी. (जेल) की इस बात को कि अभियुक्तों को अलग-अलग कोठरियों में रखा जाए, सही करार दिया।

किसी भी जाँच की असली परीक्षा यह होती है कि वह न्यायिक पुन:निरीक्षण में खरी उतरे। बहुत से आंतरिक पुनर्विचार तथा समीक्षा के बाद हमने यह निर्णय लिया कि प्रभाकरन, पोट्टू ओम्मान तथा अकीला को भी दोषी मानकर इस मुकदमे में अपराधी बनाएँ। क्रिमिनल प्रोसीजर कोड के प्रावधानों को ध्यान में रखकर हमने इन तीनों को अपराधी घोषित करने के लिए कदम उठाए। हालांकि इस घोषणा के आदेश राजनयिक माध्यमों से फरवरी 1992 में ही श्रीलंका भेज दिए गए थे, परंतु उत्तर-पूर्व में गड़बड़ी की स्थिति के चलते ये प्रभाकरन को नहीं दिए जा सके। बाद में श्रीलंकाई सरकार की सहमति से ये आदेश श्रीलंका के अंग्रेजी तथा स्थानीय भाषाओं के समाचार पत्रों में प्रकाशित किए गए और इसके बाद प्रभाकरन तथा पोट्टू ओम्मान राजीव गांधी हत्याकांड मुकदमे में अभियुक्त घोषित हुए।

जाँच अधिकारियों तथा कानूनी सलाहकारों के एक विशेष दल ने एक महीने में चार्ज-शीट तैयार की। 55 पृष्ठों की इस चार्ज-शीट को सी.बी.आई. निदेशक सहित, विभिन्न स्तरों पर विवेचन करने के बाद अंतिम रूप दिया गया। दु:खद हत्या की पहली वर्षगाँठ से एक दिन पहले 20 मई 1992 को न्यायालय में इस मुकदमे का चालान जमा करा दिया गया जो तीन भगोड़े अपराधी तथा 12 ऐसे जिन्होंने आत्महत्या कर ली थी, उनके समेत

41 अपराधियों के विरुद्ध था। 26 अपराधी हिरासत में थे जिनको आरोपों का सामना करना था।

10,000 पृष्ठों से भी अधिक दस्तावेज तथा प्रत्यक्षदर्शियों के कथन थे जिन पर अभियोजन पक्ष निर्भर था। अधिकतर कथन अंग्रेजी में थे। सभी दस्तावेज तथा कथनों की 26 कॉपियाँ बनाई गईं और एक-एक चार्जशीट की कॉपी के साथ उन हर 26 अभियुक्तों को दी गई। इन दस्तावेजों तथा कथनों की कॉपियाँ मिलने के बाद सभी अभियुक्तों ने इनके तमिल अनुवाद के लिए अलग-अलग याचिकाएँ दायर कर दीं।

इन अनुवादों का शुद्ध होना जरूरी था वरना अभियुक्तों को मुकदमे के न्याय को चुनौती देने का एक बहाना मिल जाता। विशेषज्ञों की समीक्षा तथा शव-परीक्षण रिपोर्टों में ऐसे कई वैज्ञानिक पारिभाषिक शब्द थे जिनके लिए पेशेवर लोगों की जरूरत थी। एक बार फिर हमने तमिलनाडु सरकार का सहारा लिया और हमेशा की तरह अब भी उन्होंने बेझिझक सहायता की। उनके अनुवाद विभाग से पाँच अनुवादक हमें उपलब्ध थे और दस सप्ताह में इस समर्पित टोली ने इस काम को अच्छी तरह से पूरा किया।

चेन्नई के मनोनीत न्यायालय द्वारा जारी 'लैटर्स रोगट्री' के कारण हम बहुत-से प्रमाण श्रीलंका तथा अन्य देशों से इकट्ठे कर पाए। श्रीलंका से प्राप्त प्रमाणों से हम अनेक अभियुक्तों की पहचान पक्की कर पाए थे जिनमें सिवरासन, मुरुगन, सुथेंथिराराजा तथा कनकसबापति शामिल थे।

बहुत-से गवाहों को गंभीर खतरा था। खासतौर पर उनको जो अभियुक्तों के आपसी तथा लिट्टे के साथ उनके रिश्तों की गवाही दे रहे थे या वे जो षड्यंत्र के प्रमाणों पर गवाही दे रहे थे। इसलिए इन गवाहों की पहचान छिपाकर या अन्य तरीकों से उनकी सुरक्षा सुनिश्चित की गई। यह काम एक अलग समर्पित अफसरों के दल ने, जिनके काम में किसी का कोई दखल नहीं था, कानून के दायरों में रहकर तथा तमिलनाडु, केरल व कर्नाटक पुलिस की सहायता से किया गया।

एक और बात थी जिसने हमारा ध्यान खींच रखा था और वह था—मुकदमे का स्थान। हम इस बात के बहुत इच्छुक थे कि मनोनीत न्यायालय भवन नजदीक हो जिससे अपराधियों की सुरक्षा हेतु उनका परिवहन कम से कम हो। इसके लिए चेन्नई, सेलम, वेल्लोर तथा डिडीगुल के बारे में सोचा

गया। परंतु किसी न किसी कारणवश वे उपयुक्त नहीं पाए गए। हम आशा करते थे कि बहुत-से गवाह, विशेषज्ञ तथा सरकारी कर्मचारी तमिलनाडु के बाहर से आएँगे। इसी प्रकार हमारी वकीलों की भी टीम थी क्योंकि मुकदमा लम्बी खींचने की आशा थी। कोई भी स्थान जो चेन्नई से अधिक दूर हो, उचित नहीं समझा गया। सुरक्षा विशेषज्ञों के विचारों को भी ध्यान में रखना था। अंततः पूनामल्ली की उपजेल को सबसे उचित स्थान के रूप में चुना गया। इस काम के लिए उपसाधनों सहित न्यायालय का एक कमरा, कुछ और कोठरियाँ, जेल से न्यायालय के कमरे तक अभियुक्तों के जाने के लिए रास्ता तथा अभियोजन व बचाव पक्ष के वकीलों के लिए कमरों का निर्माण होना था। तमिलनाडु सरकार ने एक बार फिर आगे बढ़कर सहयोग दिया और जल्दी ही जेल व न्यायालय भवन समूह तैयार था। इस निर्माण के समय में, सभी अभियुक्तों को सेलम के अधिक सुरक्षा वाली केंद्रीय जेल में रखा गया था।

पूनामल्ली के इस जेल व न्यायालय भवन बन जाने के बाद भारत सरकार ने इसकी सुरक्षा हेतु तमिलनाडु सरकार को सी.आर.पी.एफ. की दो कम्पनियाँ दे दी थीं। टाडा के नियमों के अनुसार, इस भवन समूह को संरक्षित स्थान का दर्जा दे दिया गया। इस कारण अपने आप ही इसमें पहुँच सीमित हो गई तथा सुरक्षा नियम कड़े हो गए।

जैसा कि पहले कहा जा चुका है, अभियुक्तों ने 112 याचिकाएँ, चार्ज-शीट दाखिल होने से पहले ही दायर कर दी थीं। बहुत सक्षम वकील उनकी पैरवी कर रहे थे। फिर भी जब मुकदमा शुरू होने की सारी तैयारियाँ पूरी हो चुकी थीं, अभियुक्त मुकदमे में देरी के लिए कोशिशें करते रहे। एक युक्ति यह थी कि मनोनीत न्यायालय से प्रार्थना करना कि वे विख्यात वकीलों, जैसे राम जेठमलानी, शांति भूषण, यू.आर. ललित तथा एन.टी. वनाममालाई आदि की मंजूरी का इंतज़ार कर रहे हैं। जब इन सब वकीलों की ओर से उनकी पैरवी करने की नामंजूरी आ गई, तब मनोनीत न्यायालय ने उन 26 में से 25 अभियुक्तों के लिए 10 वकीलों की नियुक्ति की। सिर्फ एक अभियुक्त मुरुगन ने स्वयं ही अपना मुकदमा लड़ना चाहा।

चार्ज-शीट दायर करने की पहली वर्षगाँठ तथा हत्या की दूसरी वर्षगाँठ के कुछ सप्ताह पहले 5 मई, 1993 को अभियोजन पक्ष के वकीलों के मुख्य पी. राजामनिकम ने मनोनीत न्यायालय के न्यायाधीश एस.एम. सिडीक

के समक्ष अपना प्रारंभिक कथन पेश किया। सभी 26 अभियुक्त अपने 10 वकीलों के साथ न्यायालय के कक्ष में उपस्थित थे। अपने इस प्रारंभिक कथन को समाप्त करते हुए अभियोजन पक्ष के मुख्य वकील ने प्रार्थना की कि सभी अभियुक्तों के विरुद्ध आपराधिक साज़िश तथा भारतीय पैनल कोड व टाडा, फोरनर्स एक्ट, भारतीय आर्म्स एक्ट, एक्सप्लोसिव्स एक्ट तथा टेलीग्राफ एक्ट के नियमों के अनुसार चार्ज दायर किए जाएँ। हालांकि बचाव पक्ष के सभी वकील अनुभवी थे। उन्होंने राजामनिकम के कथन के तमिल अनुवाद की माँग की। न्यायाधीश सिडीक इसके लिए एकदम मान गए। जबकि इस सबमें कुछ समय लगता, सी.बी.आई. के नम्र स्वभाव के वकील ई.जे.आर. डेनियल, जो अंग्रेजी तथा तमिल—दोनों में माहिर थे, के लिए यह मौका न्यायालय में अपनी महारथ दिखाने का था। जबकि अभियोजन पक्ष के कथन दो एक दिनों में पूरे हो गए। बचाव पक्ष की दोषमुक्ति की याचना हेतु विवाद बस चलते ही रहे।

इसी बीच हमें गुप्त सूचना मिली कि लिट्टे इस मुकदमे की प्रगति में बाधा डालने की योजना बना रही है। मुरुगन के पकड़े जाने के बाद, पोटू ओम्मान के सिवरासन को भेजे गए एक संदेश में उसने कहा था कि मुरुगन ने जीवित पकड़े जाने से बचने के लिए सायनाइड कैप्सूल क्यों नहीं खाए? इसके मद्देनज़र जेल अधिकारियों ने भेंट के कमरे में फाइबर ग्लास का पारदर्शी व्यवधान लगवाया ताकि भेंटकर्ता किसी अभियुक्त को कोई गलत वस्तु न दे दें। बातचीत करने के लिए अभियुक्तों तथा आगंतुकों के लिए अलग-अलग फोन रखे गए थे। एक दिन अचानक सभी अभियुक्त कोर्ट की कार्यवाही के दौरान इस कारण से नदारद थे कि फाइबर ग्लास के व्यवधान से उन्हें बहुत परेशानी होती है। उन्होंने चेन्नई उच्च न्यायालय में रिट याचिका इस फाइबर ग्लास व्यवधान को हटाए जाने के लिए दायर की। न्यायाधीश टी.एस. अरुणाचलम व न्यायाधीश डी. राजू की खंडपीठ उपजेल गई जहाँ फाइबर ग्लास व्यवधान को स्वयं देखने तथा जेल अधिकारियों द्वारा अन्य सुरक्षा इंतज़ाम देखने के बाद, उच्च न्यायालय ने उस याचिका को रद्द कर दिया। परंतु इस चक्कर में कीमती समय जरूर नष्ट हुआ।

अभियोजन पक्ष के प्रारंभिक कथन के सात महीने बाद 1 सितम्बर, 1993 को मनोनीत न्यायाधीश ने 26 अभियुक्तों के विरुद्ध कानून के कई

प्रावधानों के अंतर्गत 251 आरोप मढ़े। इस प्रकार मुकदमे की शुरुआत के लिए सब कुछ तैयार था। इसके लिए मनोनीत न्यायालय ने 19 जनवरी, 1994 का दिन तय किया।

अभियोजन के लिए हमारी एक पक्की नीति थी जिससे अभियुक्तों के विरुद्ध सारे प्रमाण पेश किए जा सकें। मुख्य गवाहों के अलावा हमारे पक्ष में ऐसे भी गवाह थे जैसे लिट्टे के वे समर्थक या साथी काडर जिन्होंने लिट्टे की योजना को कार्यान्वित किया; तथा विशेषज्ञ, डॉक्टर व वैज्ञानिक जो गवाही देते। गवाही देने के लिए श्रीलंका पुलिस एवं अन्य विभागों के अनेक ऐसे अधिकारी भी थे जिन्होंने जाँच के दौरान महत्वपूर्ण भूमिका निभाई थी। मुख्य जाँच अधिकारी रघोंथमन सहित 14 जाँच अधिकारियों ने भी इस मुकदमे में गवाही दी।

यह महत्त्वपूर्ण मुकदमा कई तरह से अर्थयुक्त था। पहली बार ऐसा हुआ था कि किसी अन्य देश के आतंकवादी संगठन ने किसी भारतीय राजनेता को निशाना बनाया था जो देश का प्रधानमंत्री रह चुका हो और आने वाले आम चुनावों में जिसकी जीत का पूरा अनुमान था। लिट्टे भी पहले कभी अभियुक्त नहीं बना था, अपराधी घोषित होने की बात तो छोड़ ही दें। राजीव गांधी हत्या के मुकदमे के दौरान ही पदमानाभ हत्या का मुकदमा सुलझा था। लिट्टे के ब्लैक टाइगर्स की शक्ति और तौर-तरीके ऐसे आसाधारण थे कि न तो वे ऐसे कोई निशान छोड़ते थे जिनसे उनमें लिट्टे का हाथ होना प्रमाणित हो सके और न कोई उनके विरुद्ध गवाही देने की हिम्मत करता था। इस हत्याकांड में हमारे देश की सुरक्षा भी अलिप्त थी और इसी कारण लक्ष्य साफ था—कुकर्मियों को ढूँढ़कर पकड़ना तथा उनको न्याय की प्रक्रिया में लाना। एस.आई.टी. के सभी सदस्य इस महत्वपूर्ण लक्ष्य से इकट्ठे होकर जुड़े रहे।

स्वतंत्र भारत में सबसे उत्तेजनात्मक व महत्वपूर्ण राजीव गांधी हत्या कांड का मुकदमा पुलिस इंस्पेक्टर मधुराम के निरीक्षण में 19 जनवरी, 1994 को शुरू हुआ, जिसने श्रीपेरम्बुदूर पुलिस स्टेशन प्रभारी के नाते 'फर्स्ट इंफोर्मेशन रिपोर्ट' (एफ.आई.आर.) दर्ज की थी। उसके बाद हमने 287 और गवाहों को पेश किया, जिनमें एक प्रदेश के राज्यपाल, एक भारतीय राजदूत, एक वरिष्ठ सेना अधिकारी, कई राजनेता, पुलिस के वैज्ञानिक, वरिष्ठ पत्रकार, डॉक्टर, पुलिस अधिकारी तथा भारत व श्रीलंका के आम नागरिक शामिल थे। जिन्होंने

मनोनीत न्यायालय में गवाही दी। एक गवाह था जो स्वेच्छापूर्वक सेवानिवृत्त होकर अमेरिका में बस गया था; क्योंकि वायरलेस संदेशों के पकड़े जाने से संबंधित उसकी गवाही बहुत महत्वपूर्ण थी। हमने उसे अमेरिका में ढूँढ़ निकाला और चेन्नई लाए। मुकदमे के दौरान 1477 प्रदर्शित वस्तुएँ तथा 1180 अन्य चीजें गवाहों के साथ अंकित की गई। इन सबमें 4 वर्ष मानो तो 600 कार्यशील दिवस लगे। ये सब चुनौतियाँ जो मुकदमे के दौरान हमारे समक्ष आईं, उनका न्यायसंगत उल्लेख कर पाना कठिन है। यह तो शायद एक पूरा ग्रंथ लिखे जाने योग्य है।

इस मुकदमे के दौरान, मनोनीत न्यायाधीश एस.एम. सिडीक की उच्च न्यायालय में पदोन्नति हो गई और न्यायाधीश एन. नवनीथम आए, जो इस ऐतिहासिक मुकदमे को अंत तक लेकर गए।

साथ–ही–साथ हमें अभियुक्तों की बीसियों शरारती याचिकाओं को भी झेलना पड़ा, जो अधिकतर ज़मानत के लिए होती थीं और कुछ अन्य कारणों की भी। असल में, उच्च न्यायालय तथा उच्चतम न्यायालय सहित अनेक न्यायालयों में एस.आई.टी. ने अभियुक्तों की ओर से दी गई 432 याचिकाओं का प्रतिरोध किया। हालांकि एस.आई.टी. इन सभी में जीती, परंतु फिर भी इसके कारण मुकदमे में बहुत समय नष्ट हुआ।

बचाव पक्ष के वकीलों ने भी इस बात पर मुकदमे का बहिष्कार किया कि उनकी प्रतिदिन की भत्ता राशि उनकी प्रतिष्ठा के अनुरूप या कम से कम अभियोजन पक्ष के वकीलों जितनी होनी चाहिए। फिर एक अभूतपूर्व आदेश द्वारा चेन्नई उच्च न्यायालय ने उन दस बचाव पक्ष के वकीलों का दैनिक भत्ता तय किया जिसका भार राज्य सरकार को उठाना था।

अभियोजन पक्ष की ओर से प्रस्तुत गवाहों की पलट जाँच करने का अधिकार उन सभी बचाव पक्ष के वकीलों को तथा मुरुगन को था जो अपना बचाव स्वयं कर रहा था। इस अधिकार का लाभ कुछ अधिक ही उठाया गया। असल में कई गवाहों की गवाही तो कई दिनों तक चली; मुख्य जाँच अधिकारी श्री के. रघोंथमन को तो गवाही बॉक्स में 67 दिन लगाने पड़े। 288 गवाहों की पूरी जाँच में तीन वर्ष और चार महीने लगे।

अमेरिका की तरह गवाहों की सुरक्षा का कार्यक्रम जिसके कारण; वहाँ गवाह निर्भय होकर गवाही देते हैं, उसका हमारे देश में नहीं होना हमें बहुत

अखरा। 288 में से चार गवाह ऐसे थे जो सच नहीं बोले। वे लिट्टे के समर्थक थे या अभियुक्तों से उनका कभी संबंध रहा था। उनकी गवाही साज़िश को स्थापित करने में प्रसंगोचित थी। इनमें से तीन गवाहों को अभियुक्तों के बचकर भागने के बारे में कुछ स्पष्ट बातें बतानी थीं। मगर हमें आशा थी कुछ गलत होगा और हमने सावधानी बरती। हमने उन्हें प्रतिपक्षी घोषित कर दिया और न्यायाधीश की अनुमति से उनसे पलट सवाल–जबाव किए। इससे हम यह प्रमाणित कर पाए कि वे गवाह अभियुक्तों को बचाने के लिए झूठ बोल रहे थे और इस तरह से वही सत्य जो वे छिपाने की कोशिश कर रहे थे हमें पक्का करने में आसानी हो गई। इस कोशिश में हमें आई.आई.टी. चेन्नई के एक वरिष्ठ प्रोफेसर की एक विशेषज्ञ को गवाह के रूप में सहायता लेनी पड़ी। भाग्यवश, हमारी पलट जाँच में इन चार प्रतिपक्षी गवाहों के प्रमाणों से हमारे अन्य गवाहों के खुलासों को बल मिला जिनकी गवाहियों का अभिलेख हो चुका था।

इसी बीच अक्टूबर 1994 से मुरुगन किसी न किसी बहाने से कार्यवाही का करीब 8 महीने तक बहिष्कार करता रहा। टाडा अधिनियम में इस बात का प्रावधान था कि अभियुक्त या उसके वकील की अनुपस्थिति में भी गवाहों की पलट जाँच हो सकती है। परंतु उन्हें गवाहों को फिर से बुला-बुलाकर जाँच करने का भी अधिकार था। हम समझते थे कि यही कारण था कि क्यों मुरुगन ने किसी वकील की सहायता नहीं माँगी थी। हमने मनोनीत न्यायालय में एक याचिका मुरुगन के पेश होने हेतु दायर की पर न्यायालय ने सिर्फ जेल अधिकारियों को अभियुक्त को पेश करने का ही आदेश दिया, किसी बल का प्रयोग करने के बारे में कुछ नहीं कहा। जेल अधिकारियों ने बलपूर्वक मुरुगन को लाने से इंकार कर दिया। हमने उच्च न्यायालय में याचिका दायर की परंतु एक अकेले न्यायाधीश ने हमारी याचिका सुनी और रद्द कर दी। हमें चिंता थी कि मुरुगन काफी बाद में न्यायालय आएगा और फिर से गवाहों को पलट जाँच के लिए बुलाने की गुहार करेगा। गवाहों को इस मुकदमे में पेश करना कोई आसान नहीं था। अधिकतर लिट्टे से घबराते थे और कई भारत के विभिन्न भागों तथा विदेश से आए थे। इस कारण हमने उच्च न्यायालय की एक खंडपीठ में याचिका दायर की।

खंडपीठ ने मुरुगन को उच्च न्यायालय में तलब किया और उसकी आपत्तियों को सुना और उसको अपने बचाव तथा पलट जाँच के अधिकार के बारे में बताया तथा आगाह किया कि इस अधिकार को त्यागकर वह अपने को बचाने में एक मूल्यवान अवसर को खो रहा है। मुरुगन फिर भी अड़ा रहा। उच्च न्यायालय ने एक महत्वपूर्ण फैसला सुनाया—"मनमाने ढंग से किसी के जीवन या उसकी आज़ादी के छिन जाने के बचाव में संविधान की ओर से यह प्रावधान है कि वह अभियोजन पक्ष के गवाहों की पलट जाँच करवाएगा। जब ऐसा अधिकार प्राप्त हो तब उस व्यक्ति का यह कर्त्तव्य बन जाता है कि वह उसका प्रयोग करे। यदि पर्याप्त अवसर मिलने पर भी वह जानबूझकर पलट जाँच नहीं करता जिसमें कोई वजह प्रत्यक्ष नहीं होती (वह) एक ऐसे रास्ते पर चल रहा है जिसमें वापसी नहीं होती और जिस कारण वह अभियोजन पक्ष द्वारा प्रस्तुत गवाहों की पलट जाँच का अधिकार छोड़ता प्रतीत होता है। ऐसा व्यक्ति जो जानबूझकर पेश नहीं होता या पलट जाँच में भाग नहीं लेता जबकि उसको इसके परिणाम से अवगत करा दिया गया हो और इन कारणों को बताकर कि उसके पलट जाँच के अधिकार का हनन हो चुका है और इसलिए उनको वापस बुलाया जाए या उनके बीच हो, उसकी बाद में कोई सुनवाई नहीं हो सकती।"

इस आदेश से हमें बड़ी राहत मिली। करीब 8 महीने बाद मुरुगन फिर से न्यायालय आने लगा। तब तक 85 गवाहों की जाँच हो चुकी थी। जैसा कि हमने सोचा था, कुछ समय बाद मुरुगन ने एक याचिका द्वारा 20 गवाहों को दोबारा बुलाने की प्रार्थना की। हमने खंडपीठ के आदेश का हवाला देते हुए मनोनीत न्यायालय में इसका कड़ा विरोध किया। विस्तार से दिए गए एक आदेश द्वारा मनोनीत न्यायालय ने मुरुगन की इस याचिका को खारिज कर दिया। इससे दुःखी होकर मुरुगन ने भारत के आदरणीय उच्चतम न्यायालय को एक पत्र भेजा। उसके इस पत्र को 'स्पेशल लीव पिटीशन' मानकर उच्चतम न्यायालय में अपने कोर्ट के एक वकील को मनोनीत कर उससे मुरुगन का मुकदमा पेश करने के लिए कहा। उसके मुकदमे में कोई दम न देखते हुए, उच्चतम न्यायालय ने भी उसे रद्द कर दिया।

अब मुरुगन और एक अन्य अभियुक्त ने मुकदमे में देरी का कारण बताते हुए जमानत याचिका दायर की। अभियोजकों की ओर से तो कभी कोई

देरी नहीं हुई थी। ऐसा कोई मौका नहीं था, जब अभियोजन पक्ष किसी गवाह को पेश न कर पाया हो। इसके विपरीत बचाव पक्ष ने हर संभव कोशिश कर किसी न किसी कारण से देरी की थी। उन्होंने तो जेल व न्यायालय के अहाते में स्थित निरीक्षण मचानों पर सी.आर.पी.एफ. के जवानों की उपस्थिति को लेकर भी एक आपत्ति उठाई थी। विस्तार में आदेश देते हुए मनोनीत न्यायालय ने ऐसी याचिकाओं को खारिज कर दिया।

अभियोजन पक्ष द्वारा प्रस्तुत प्रमाणों के आधार पर मनोनीत न्यायालय ने सभी 26 अभियुक्तों के सामने प्रश्न रखे, जबकि सभी ने उन पर लगाए गए दोषों का खंडन किया। इसके बाद अभियोजन पक्ष ने उच्चतम न्यायालय के विभिन्न आदेशों का हवाला देते हुए अपने विस्तृत तर्क पेश किए जिसके बाद बचाव पक्ष ने अपने तर्क पेश किए। अंतत: इस ऐतिहासिक मुकदमे में 28 जनवरी, 1998 को मनोनीत न्यायालय ने अपना फैसला सुनाया जिसमें सभी अभियुक्तों को अभियोजन पक्ष द्वारा लगाए गए आरोपों का दोषी करार दिया और सभी को मौत की सज़ा सुनाई गई। मनोनीत न्यायालय के विद्वान न्यायाधीश ने एस.आई.टी./सी.बी.आई. की इस ऐतिहासिक मुकदमे में जाँच तथा अभियोजन कार्यों कि अतिरंजित प्रशंसा की :

"विशेष जाँच-पड़ताल टीम (राजीव गांधी हत्याकांड मुकदमे) के मुख्य श्री डी.आर. कार्तिकेयन, जो जाँच-पड़ताल के पथ-प्रदर्शक तथा प्रभारी रहे, उनकी कर्तव्य परायणता, मेहनत, दक्षता तथा ईमानदारी विशेष रूप से सराहनीय थे। उन्होंने तथा उनके जाँच अधिकारियों की टीम ने बहुत ही वैज्ञानिक तथा क्रमिक तरीके से यह सम्पूर्ण जाँच-पड़ताल की। इनकी बिना पक्षपात तथा न्याय मुक्त जाँच के कारण इस घिनौने अपराध करने वालों को सज़ा मिल पाई है। न्यायालय को समझाने के लिए इन्होंने सभी जरूरी चीज़ों को बहुत ही सफाई से तथा संगृहीत रूप से पेश करने में सावधानी बरती है।

मैं मुख्य जाँच अधिकारी, अन्य जाँच अधिकारियों तथा सी.बी.आई., एस.आई.टी. (राजीव गांधी मुकदमे) के सभी अन्य जाँच अधिकारियों, अन्य अधिकारियों व कार्यकर्त्ताओं की दक्षता तथा मेहनत की तारीफ करता हूँ।

मुकदमा बंद करने से पहले मैं इस बात का अभिलेख करना जरूरी समझता हूँ कि मैं अभियोजन तथा बचाव पक्ष के विद्वान वकीलों की सच्चे मन से तथा आभारी होकर प्रशंसा करता हूँ।"

हालांकि माननीय उच्चतम न्यायालय में कार्यवाही शीघ्रता से सितम्बर 1998 और जनवरी 1999 के बीच पूरी हो गई। के.टी. थोमस, डी.पी. वधवा तथा सईद शाह मोहम्मद कादरी की खंडपीठ ने राजीव गांधी हत्याकांड पर सोच-विचार करके अंतिम फैसला चार महीने बाद 5 मई, 1999 को दिया।

इस ऐतिहासिक फैसले में नलिनी (इसकी मौत की सजा को बाद में आजीवन कारावास में बदला गया) संथन, मुरुगन परारिवलन बनाम अरिवू की मौत की सज़ा को बरकरार रखा गया, जबकि तीन अन्य अपराधियों, रॉबर्ट पायस व जयकुमार जो श्रीलंकाई तमिल थे, जिन्होंने हत्यारे दल के लिए चेन्नई में गुप्त स्थान उपलब्ध कराकर शरण दी थी और रविचंद्रन जो तमिल नेशनल रिट्रीवल ट्रूप्स (टी.एन.आर.टी.) कहे जाने वाले संगठन का मुखिया था, जिसने तमिलनाडु में सिवरासन को हत्या से पहले व बाद में आत्मबल तथा संचार-तंत्र उपलब्ध कराए थे, इनकी मौत की सज़ा को उम्र कैद में बदला। इस तीन सदस्य की खंडपीठ को इन सब अपराधियों को हत्या के षड्यंत्र में शामिल पाने में कोई मुश्किल नहीं हुई। इनमें से हर एक ने बहुत अहम व सीधी भूमिका निभाई थी। अभियुक्त शनमुगवडीवेलू जिस पर सिर्फ टाडा के अंतर्गत अपराध दर्ज था, दोषी नहीं पाया गया तथा 18 अभियुक्त छोटे अपराधों के दोषी पाए गए। उनकी हिरासत की अवधि को जो वे पहले ही पूरा कर चुके थे, सज़ा की क्षतिपूर्ति के लिए मान लिया गया और उनकी एकदम रिहाई का आदेश दिया गया। उच्चतम न्यायालय ने इस हत्या को टाडा की धाराओं 3 व 4 के अंतर्गत आतंकवादी या गड़बड़ी की क्रिया नहीं माना।

माननीय उच्चतम न्यायालय ने अन्य बातों के साथ कहा—"हमारे मन में नाममात्र भी शंका नहीं है कि श्री राजीव गांधी की हत्या का षड्यंत्र चार जनों ने रचा था जिनके नाम हैं—वेलूपिल्लई प्रभाकरन, पोटू ओम्मान, सिवरासन तथा अकीला।" उच्चतम न्यायालय ने माना था कि लिट्टे प्रमुख प्रभाकरन तथा उसके गुप्तचर मुखिया पोटू ओम्मान की करनी भारत व श्रीलंका के रिश्तों में नई स्थितियों को जन्म देगी तथा इनके इतिहास व आने वाले समय को प्रभावित करेगी।

फैसले के दौरान उच्चतम न्यायालय ने यह आलोचना भी साफ-साफ की कि 'देश में इस हत्या से सदमे की लहर-सी दौड़ गई थी। आम चुनाव स्थगित करने पड़े। अपनी प्रभुसत्ता के बल पर एक पूर्व प्रधानमंत्री ने एक

दूसरे देश के साथ एक समझौता किया था। राजीव गांधी ने उस समय अपने देश का प्रमुख होने के नाते उस समझौते पर हस्ताक्षर किए थे जिस पर श्रीलंका सरकार के प्रमुख ने भी हस्ताक्षर किए थे। इस समझौते को संसद की मंजूरी भी प्राप्त थी। राजीव गांधी ने यह समझौता अपने व्यक्तिगत तौर पर या निजी लाभ के लिए नहीं किया था।' (यह जोर देकर कहा गया) देश में लोकतंत्रीय प्रणाली को आघात पहुँचाने तथा पूरे देश को धक्का पहुँचाने वाले इतिहास में अद्वितीय इस कार्य का प्रयोजन इसलिए किया गया ताकि देश के हित में प्रभुसत्ता से जुड़े फैसलों पर रोक लगाई जा सके। किसी पूर्व व आगामी प्रधानमंत्री की विस्फोट करके हत्या—ऐसी स्थिति को पैदा होने से पहले ही समाप्त करने को अवश्य तथा पूर्णतया आतंकवादी तथा गड़बड़ी फैलाने वाली क्रिया ही मानना चाहिए था। इस विषय में भारत सरकार की ओर से एडिशनल सोलीसीटर जनरल ऑफ इंडिया ने बहुत ही वाक्पटु तर्क पेश किए थे।

सबकुछ ध्यान में रखते हुए देखने वाली बात यह है कि आदरणीय उच्चतम न्यायालय ने इस बात का अभिलेख करना उचित समझा कि वे प्रशंसा करें उस 'स्पेशल इंवेस्टिगेशन टीम' की, जो कि सेंट्रल ब्यूरो ऑफ इंवेस्टिगेशन ने इस मुकदमे की छानबीन के लिए बनाई थी। श्री डी.आर. कार्तिकेयन के नेतृत्व में एस.आई.टी. ने एक बहुत ही उद्यमी काम किया और इस अपराध को बहुत ही थोड़े समय में सुलझा लिया।"

उच्चतम न्यायालय ने आगे कहा—"पूरी जाँच-पड़ताल बड़े ही सावधानीपूर्ण तरीके से भिन्न-भिन्न बातों को जोड़कर षड्यंत्र का एक साफ चित्र सामने लाने के लक्ष्य से की गई और सभी षड्यंत्रकारियों की भूमिका को उजागर किया गया।"

सच में, एक कठिन काम के बाद इससे अधिक सुखदायी एवं पुरस्कार मिलने की कोई और बात नहीं हो सकती।

14

एक करिश्माई व्यक्तित्व

राजीव गांधी एक करिश्माई नेता थे जो अपने पूरे युवा उत्साह, संवेदनशीलता और न्यायबोध के साथ अपनी विजयी मुस्कान लिए हमेशा कमज़ोर के पक्ष में खड़े रहते थे। उन्होंने राष्ट्रीय और अंतर्राष्ट्रीय चुनौतियों का दृढ़ता और समर्पण के साथ सामना किया, जिसमें हमेशा एक मौलिकता होती थी। बुजुर्गों द्वारा हमेशा से शासित इस देश में उन्होंने अपने युवा नेतृत्व से एक नई जान फूँकी। 1984 में प्रधानमंत्री चुने जाने के बाद उन्हें लोगों ने मसीहा के रूप में पूजा और जनता के बीच उनकी स्वच्छ छवि के कारण यह विश्वास आम था कि वह देश को गरीबी, भ्रष्टाचार, बेरोज़गारी और सांप्रदायिक मतभेदों से निजात दिलाएँगे, जो देश के संघीय ढाँचे के लिए एक बड़ा खतरा बनता जा रहा था। वे हमेशा एकता और जवाबदेही के पक्ष में खड़े रहे और उन्होंने ऐसा देश बनाना चाहा जो सिर्फ काम ही न करे, बल्कि तेजी से काम करे। उनकी दृष्टि देश को 21वीं सदी में ले जाने पर थी और इसके लिए उन्होंने प्रधानमंत्री होते हुए कई सुधार किए। उन्हें विज्ञान और तकनीक के सामर्थ्य का पूरा ज्ञान था और उनका उद्देश्य निरक्षरता, पेयजल की समस्या, अनुत्पादकता और टिकाऊ विकास के अभाव से जूझ रहे देश में नेहरूजी की वैज्ञानिक मानसिकता का विकास करना था, जिससे पूरे भारतीय समाज का रूपांतरण किया जा सके। उनके अंदर उत्साह था और वे अपने तकनीकी अभियानों की मदद से जल्दी परिणाम चाहते थे। वे भारत के ज्ञान संश्लेषण की लंबी परंपरा के प्रशंसक थे और वे भारतीय वैज्ञानिकों और तकनीशियनों को कम से कम पूर्वाग्रहों और पक्षधरता के साथ अंतर्विषयक क्षेत्रों में काम करने को प्रोत्साहित करते थे। वे चाहते थे कि विचारों का अधिक से अधिक आदान-प्रदान हो और एक व्यापक परिवर्तन लाने के लिए वे सभी बेहतरीन मानव मस्तिष्कों का

व्यवस्थित उपयोग करने में विश्वास रखते थे। वे तार्किक सोच, आत्म दृष्टि, निगमनात्मक परिणामों और बौद्धिक सामंजस्य के पक्षधर थे और उनका मानना था कि किसी भी विचार के गलत सिद्ध हो जाने पर उसे छोड़ देना चाहिए, चाहे भले ही वह काफी लंबे समय से चला आ रहा हो। वे प्रश्न खड़े करने वाली एक ऐसी संस्कृति विकसित करना चाहते थे, जो किसी भी तथ्य को जस का तस नहीं मान लेती और किसी भी मान्यता को चुनौती देती है।

उन्होंने कम्प्यूटर, संचार, इलेक्ट्रॉनिक्स, बायोटेक्नोलॉजी, सुपर कम्प्यूटर, सुपर कंडक्टर, क्रायोजेनिक्स, समुद्र विज्ञान, रक्षा, अंतरिक्ष, गैर–पारंपरिक ऊर्जा संसाधन, आणविक ऊर्जा जैसे नए क्षेत्रों में शोध को बढ़ावा देने के लिए समय पर पहल की। उनका सपना अपने तकनीक के अभियानों से विज्ञान और तकनीक को देश में आर्थिक विकास के लिए लागू करने का था। उनका मानना था तकनीक में इतनी क्षमता है कि वह संभव और असंभव के बीच की खाई को पाट सकती है। तकनीक लोकतांत्रिक संस्थाओं के तंतुओं को भी मज़बूत कर सकती है। मानव विकास को सुनिश्चित करने के लिए तकनीक के उपयुक्त प्रयोग में उनकी गहरी प्रतिबद्धता उनके इन विचारों से ही झलकती है—"हमें मानवता की एक नई दृष्टि की आवश्यकता है जो सत्य और अहिंसा पर आधारित हो, एक ऐसी दृष्टि जो सबसे सुंदर रूपों में जीवन का पोषण करती हो।"

राजीव गांधी जीवन के सभी क्षेत्रों में सूचना तकनीक के सार्थक उपयोग के लिए प्रतिबद्ध थे। उनकी सोच ही भारत में कम्प्यूटर संस्कृति की वाहक बनी और उनका विश्वास था कि भारत भले ही औद्योगिक क्रांति से वंचित रह गया हो, वह कंप्यूटर क्रांति को नहीं छोड़ सकता। वे अच्छी तरह इस बात को समझते थे कि सूचना तकनीक नए विचारों और समांतर सोच को विकसित करने में सक्षम है और इसका जीवन के हर क्षेत्र में उपयोग किया जा सकता है। उनका पूरा ध्यान एक ऐसी संचार व्यवस्था विकसित करने पर था जो सर्वव्यापी हो और सस्ती हो, जिसका प्रत्यक्ष उदाहरण हम देश भर में फैले पीसीओ के जाल से देख सकते हैं। वे स्वदेशी तकनीकों को ही प्राथमिकता देते थे क्योंकि उन्हें भारतीय प्रतिभा में भरोसा था और वे जानते थे कि देश के अंदर वे सभी तकनीकी सामर्थ्य मौजूद हैं और देश खुद ही अपने आधुनिकीकरण में सक्षम है। उन्होंने नई तकनीकों का नए कार्यक्रमों के साथ एकीकरण किया

और नए हार्डवेयर तथा सॉफ्टवेयर के विकास के लिए रास्ता खोला। यह प्रशासन के उस पूरे विमर्श के स्थानांतरण में एक बड़ा कदम था, प्रशंसकों के लिए प्रशासन से आम आदमी के लिए प्रशासन की ओर, जिसे आज हम ई-गवर्नेंस के रूप में फलता-फूलता देख सकते हैं। कम्प्यूटरीकरण का उनका मुख्य उद्देश्य फैसलों के निस्तारण में तेजी लाना था, जिससे कुल उत्पादकता में वृद्धि हो सके। राजीव गांधी ने इस बात को महसूस किया था कि धीमे भारतीय शोध और विकास के लिए इंतजार करने का कोई अर्थ नहीं था, इसलिए उन्होंने आयात नीति में कुछ सुधार किया।

1985 की नई शिक्षा नीति के निर्माता राजीव गांधी ही थे, जिसमें मानव के समग्र विकास पर जोर दिया गया है। उन्होंने पूरे समाज को शिक्षित करने का आह्वान किया, जहाँ कोई भी बच्चा स्कूल जाने से वंचित न रह जाए, कोई भी प्रौढ़ व्यक्ति निरक्षर न रहे और कोई भी सक्षम व्यक्ति बेरोज़गार न रह जाए। वे शिक्षा की भूमिका को रचनात्मक सामर्थ्य को बढ़ाने वाला और समान अवसर उपलब्ध कराने वाला मानते थे। उन्होंने इस बात पर जोर दिया कि प्राथमिक शिक्षा को सर्वव्यापी बनाने का अर्थ सिर्फ कानूनों के पालन, क्रियान्वयन और उसके तकनीकी पहलुओं तक ही सीमित नहीं है। उनका मानना था कि शिक्षा का मूल उद्देश्य शिक्षक एवं छात्र, पुरुष एवं स्त्री, अध्ययन केंद्र एवं बाह्य माहौल तथा अतीत एवं वर्तमान के बीच एक कड़ी का काम करना है जिससे शांति, मानवाधिकारों के लिए सम्मान, प्राथमिक स्वतंत्रता, लैंगिक अधिकारों के संरक्षण और मानवता पर आधारित एक समान आर्थिक और सामाजिक ढाँचे का विकास हो। इसी से आत्मज्ञान संभव है। मानवीय संबंधों में परिवर्तन लाने के सबसे बड़े कारक के रूप में वे शिक्षा को देखते थे। वे इस बात को अच्छी तरह समझते थे कि जब तक शिक्षा के सभी स्तरों—चाहे वह प्राथमिक हो, द्वितीयक हो या उच्च शिक्षा—को, रोज़गार के मुद्दे पर केंद्रित नहीं किया जाएगा और जनता को शिक्षा की प्रासंगिकता और तत्कालिकता में भरोसा नहीं होगा, तब तक प्राथमिक शिक्षा के सर्वव्यापीकरण और लोगों की रोज़गारों तक पहुँच सिर्फ एक मृगतृष्णा ही रहेगी।

राजीव गांधी के अंदर अभावों के पड़ताल का साहस था और वे उनका धैर्यपूर्वक मुकाबला करते थे। उसके बाद वे भविष्य के लिए एक ऐजेंडा तय करते जिसमें मुख्य ध्यान जवाबदेही और सार्वजनिक जीवन में जीवन स्तर पर

होता था। जातिगत, सांप्रदायिक, धार्मिक और आर्थिक मतभेदों के विरोध से ही उनकी सामाजिक शांति और अमन के लिए प्रतिबद्धता जाहिर होती थी। वे स्त्रियों के उत्थान के लिए वाकई प्रतिबद्ध थे। वे सुशासन के पक्षधर थे और प्रशासन को हमेशा जनता के प्रति जवाबदेह बनाने के लिए प्रयासरत रहे। वे एक सुधारवादी थे और प्रशासन में राजनीति के हस्तक्षेप को समाप्त करना चाहते थे। वे चाहते थे कि हम अपने आंतरिक अंतर्विरोधों, जैसे—समृद्धि और गरीबी, संसाधनों की अधिकता और अभाव, शांति की संस्कृति और सहिष्णुता से मुक्त हो सकें। इस दिशा में सिर्फ एक कदम ही उनके प्रति हमारी सबसे बड़ी श्रद्धांजलि और सम्मान होगा। यही एक रास्ता है जिससे हम भारत को एक विकसित देश में तबदील कर सकते हैं।

———————

15

इक्कीसवीं सदी के महानायक

राजीव गांधी जहाज़ उड़ाते थे। ज़मीन पर भी जब वे गाड़ी चलाते तो लगभग जहाज़ की शैली में चलाते थे। राजनीति में उनकी कोई दिलचस्पी नहीं थी और अक्सर छोटे भाई संजय जब उन्हें राजनीति के बारे में जानकारी देने की कोशिश करते तो राजीव उनकी पीठ पर हाथ मारकर उठ जाया करते थे। लेकिन पहले भाई की और फिर माँ की मौत, वह भी बहुत अमानवीय परिस्थितियों में होने के बाद दुर्घटनाओं ने उनके सामने आकाश के सारे रास्ते बंद कर दिए और उन्हें राजनीति कही जाने वाली जन्नत की हकीकत से गुजरना पड़ा। वह दिन भूलता नहीं जब राजीव गांधी अपनी माँ की देह के सिराहने तीन मूर्ति भवन में सबकी शोक सांत्वनाएँ स्वीकार कर रहे थे और शोक की उस भीड़ भरे माहौल में भी अकेले दिख रहे थे। इसके कुछ ही घंटों बाद वे देश के प्रधानमंत्री थे और कुछ ही महीनों बाद दुनिया के सबसे बड़े लोकतंत्र का सबसे बड़ा जनादेश उन्होंने जीता था।

राजीव गांधी उस समय सिर्फ चालीस साल के थे। दमकता हुआ चेहरा और चमकता हुआ आभामंडल। देश ने इससे पहले इतना ख़ूबसूरत प्रधानमंत्री कभी नहीं देखा था। राजीव गांधी चूँकि राजनीतिक प्राणी नहीं थे और सपने देखने में यकीन रखते थे और सपनों और राजनीति की ज़मीन कभी मेल नहीं खाती, इसलिए उनके सबसे विश्वासपात्र लोगों ने ही उनके पाँवों के नीचे की ज़मीन में बारूद भर दी और वह सिर्फ असंभव किस्म का चमत्कार है कि जिस नेता को देश के तीन चौथाई मतदाताओं ने विश्वास दिया था, अगले चुनाव में वह एक कागज के पुतले से मार खा गया। लेकिन यहाँ यह सवाल करना लाज़मी बनता है कि आखिर पौने पाँच साल तक इस देश को चलाने वाले राजीव गांधी की वह कौन-सी विरासत है, जिसे हम याद रखेंगे। यह

कहना बहुत आसान है कि राजीव गांधी एक सलाहकार मंडली से घिरे हुए थे और उसी ने उन्हें पथभ्रष्ट किया। सच यह है कि राजीव गांधी सब पर भरोसा करने वाले एक सरल मनुष्य थे और उनके विश्वास का पेशेवर दलालों और राजनेताओं ने लाभ उठाया।

राजीव गांधी की उपलब्धियों में सबसे पहले जो याद किया जाएगा वह यह है कि उन्होंने देश को 21वीं सदी में ले जाने का वायदा किया था और जब यह वायदा उन्होंने किया था तो हम 20वीं सदी के भी सोलह साल पूरे होने का इतज़ार कर रहे थे। आज जब 21वीं सदी आ पहुँची है और उसके चार साल भी बीत चुके हैं और हम याद करके चकित होते हैं कि राजीव गांधी आज होते तो साठ साल के हो गए होते। वैसे देश को उनका वही हँसमुख चेहरा याद है जिसके रोम-रोम से तारुण्य फूटा पड़ता था। जहाँ तक 21वीं सदी के सपने का सवाल है तो राजीव गांधी ने पहली बार संचार की अनिवार्यता को अनुभव किया था और इस अनुभव को एक प्रमाणित दस्तावेज में बदला था। वे ही परदेश में बसे सैम पित्रोदा को भारत लेकर आए थे और तमाम विरोधों के बावजूद उन्होंने देश में कम्प्यूटर क्रांति की शुरुआत की थी।

जिस समय राजीव गांधी सरकार की बागडोर सँभाल रहे थे, भारत में कम्प्यूटर का युग 486 श्रेणी के कम्प्यूटरों से आगे नहीं बढ़ा था। कंप्यूटर एक सपना था और इंटरनेट का तो नाम भी सिर्फ कुछ लोगों ने सुना था। मोबाइल फोन तो बहुत बाद में आए, लेकिन राजीव गांधी ने एक बार विज्ञान भवन में और दूसरी बार मंत्रिमंडल की एक बैठक में स्पष्ट कर दिया था कि वे भारत को विकास के रास्ते पर जाता हुआ तब मानेंगे जब किसी भी गाँव के सरपंच से वे सीधे फोन उठाकर बात कर सकें।

उन्होंने यह भी कहा था कि विकास के लिए केंद्र से जो पैसा जाता है, उसके एक रुपये में से अस्सी पैसे बीच के लोग खा लेते हैं और सिर्फ बीस पैसे गाँव तक पहुँचते हैं। इस गणित का आधार जो भी हो मगर यह जाहिर है कि राजीव गांधी पंचायती राज की महात्मा गांधी की अवधारणा में प्रचंड विश्वास करते थे।

आखिर पंचायती राज का पहला कदम भी राजीव गांधी के कार्यकाल में ही रखा गया। कुछ संवैधानिक दिक्कतें थीं और कुछ तकनीकी, मगर असली दिक्कतें अफसरशाही की थीं, जिन्हें यह हज़म नहीं हो रहा था कि वे अपने स्वायत्त सत्ता अधिकार को कुछ चुने हुए देहातियों के हाथों में सौंप दें। उनकी

दिक्कत यह भी थी कि आखिर देश का राज–काज चलाने का हक उनका है, इसलिए उनके हाथ से यह छीना नहीं जाना चाहिए। ऐसे में अर्जुन सिंह द्वारा तैयार की गई कार्य योजना पर उन्हीं के शिष्य दिग्विजय सिंह ने अमल किया और मध्यप्रदेश भारत में पंचायती राज लागू करने वाला पहला प्रदेश बना। वह दिन भूला नहीं जा सकता जब राजीव गांधी ने राज्यों के मुख्यमंत्रियों की एक बैठक में यह कहा था कि 'वे उस दिन अपने आपको भारत का प्रधानमंत्री अनुभव करेंगे जब उनके सामने राज्यों के मंत्री अथवा मुख्यमंत्री नहीं बल्कि ग्राम प्रधान और सरपंच बैठेंगे।' राजीव गांधी का सपना बहुत बड़ा था और अब जब वह आकार ले रहा है तो समझ में आता है कि एक राजनीतिक स्टंट की तुलना में एक ईमानदार कोशिश कितनी महत्त्व रखती है। यह बात अलग है कि पूरी तैयारी के अभाव में पंचायती राज भी कुल मिलाकर एक लुभावना सपना साबित हुआ और उस सपने पर आमतौर पर काबू था तो उन स्थानीय नेताओं का जो सत्ता के सूत्र अपने हाथ से बिखरने नहीं देना चाहते थे।

आज भी राजीव गांधी को लोग याद करते हैं तो विभिन्न कारणों से। काँग्रेस के दुश्मन उन्हें बोफोर्स के संदर्भ में याद करते हैं या वंशवाद के परिप्रेक्ष्य में। लेकिन राजीव गांधी को अगर किसी को याद करना हो तो उनके लिए भी कई और अनंत संदर्भ है। पहला संदर्भ तो यह है कि इतनी निष्पाप और इतनी निष्कलुष और लगभग शर्मीली हँसी वाले राजनेता राजीव गांधी ने कभी अपने बच्चों या परिवार को राजनीति में स्थापित करने की कोशिश नहीं की। राजीव गांधी को भारत उनकी सालगिरह पर अगर याद करता है तो उसकी पहली वजह यह है कि आज भी भरोसा नहीं होता कि यह साठ का हो चुका एक बूढ़ा चेहरा और दूसरे यह कि नेहरू, इंदिरा गांधी अथवा शास्त्री को भी विरासत के तौर पर इतना कभी याद नहीं किया गया जितना राजीव को अलग-अलग संदर्भों में आज भी किया जाता है। यहाँ राजीव गांधी से मुलाकात के दौरान उनका कहा एक वाक्य याद आता है। उन्होंने कहा था—"आयु सबकी पूरी होनी है, महत्वपूर्ण यह है कि कौन अपने किए से कितना तृप्त होकर इस संसार से जाता है।" राजीव गांधी को संभवत: मृत्यु का अनुभव करने का भी अवसर नहीं मिला, लेकिन इतना ही क्या कम है कि हम उस बीत चुके चेहरे में अब भी अपनी ज़िंदगी तलाश करते हैं।

इक्कीसवीं सदी में भारत को सभी क्षेत्रों में आत्मनिर्भर बनाने का सपना देखने वाले पूर्व प्रधानमंत्री स्वर्गीय राजीव गांधी देश की उन्नति के लिए सदैव

कार्य करते रहे। देश की वैज्ञानिक उन्नति के साथ-साथ सूचना और संचार क्रांति से उनका कोई मुकाबला नहीं था। वे युवाओं को देश का भविष्य मानते थे और महिलाओं को आत्मनिर्भर बनाना चाहते थे। प्रजातंत्र की सफलता के लिए वे सत्ता का विकेंद्रीयकरण भी जरूरी मानते थे। आकर्षक व्यक्तित्व वाले राजीव गांधी की छवि दुनिया भर में आज भी धुंधला नहीं सकी है।

स्वर्गीय गांधी हमेशा कहा करते थे कि वे युवा हैं और उनका सपना 21वीं सदी में भारत को सभी क्षेत्रों में आत्मनिर्भर होकर शक्ति संपन्न बनाना है। इसी दिशा में वे सदा कार्य करते रहे। उन्होंने वैज्ञानिक उन्नति के लिए कई स्तरों पर नए कार्यक्रम और योजनाएँ प्रारंभ करवाईं। कम्प्यूटर शिक्षा और उसका विस्तार राजीव गांधी की देन है, जिसके कारण आज न केवल शहरों में अपितु गाँव, कस्बों तक में कम्प्यूटर लोकप्रिय होते जा रहे हैं। सूचना और संचार क्रांति में राजीव गांधी का कोई मुकाबला नहीं है। उन्होंने सूचना प्रौद्योगिकी की दिशा में बहुत काम किए और अनेक नए वैज्ञानिक उपकरणों का आविष्कार कराया और ऐसी अनेक योजनाएँ बनाईं, जिनके कारण सूचना प्रौद्योगिकी में आज भारत विश्व में सर्वश्रेष्ठ माना जाता है। आज भारत जिस प्रगति पथ पर प्रशस्त है, उसकी बुनियाद राजीव गांधी ने ही रखी थी। वे युवा, उद्यमी और साहसी थे। उन्होंने अपने नाना और माँ की कौशल नीति, सोच-विचार, संकल्पना और आयोजना में नए ज़माने की पेशकश का प्रभाव ढालने की कोशिश की। इतने बड़े क्रांतिकारी परिवर्तन को राजीव गांधी के अलावा और किसमें लाने का साहस था। इस समय भारत क्या पूरा विश्व ही उनके युगांतरकारी परिवर्तन के स्वप्न को साकार होता देख रहा है, जिसे चाहकर भी कोई पीछे नहीं धकेल सकता। यहाँ तक कि भारत में जिन खास क्षेत्रों में बदलाव लाने की अनिवार्य गुंजाइश एवं अनिवार्यता थी और जिनके लिए उन्होंने प्रौद्योगिकी मिशनों की स्थापना की थी तथा जिनके सफलतापूर्वक नियंत्रण के लिए अमेरिका से अनिवासी भारतीय सैम पित्रोदा को बुलाया था, वे मिशन अपनी प्राथमिकताओं के साथ अभी भी कायम हैं।

इसके लिए देशवासी राजीव गांधी के सदा कृतज्ञ रहेंगे। वे एक राजनेता होने के साथ-साथ एक चिंतक, विचारक तथा दूरदृष्टा भी थे। यही वजह है कि उन्होंने 21वीं सदी की कल्पना आज से 19 वर्ष पहले 1985 में ही कर ली थी। सम्राट अशोक, अब्राहम लिंकन, सुकरात और लियो टालस्टाय जैसे दूरदृष्टाओं में राजीव गांधी ने भी अपना नाम लिखवा लिया।

उनके व्यक्तित्व के कई रूप थे, लेकिन पहचान एक ही थी। नए पथ के इच्छुक राजीव, पश्चिमी संस्कृति में शिक्षित उदारचेता राजीव, रूढ़िवादी एवं सकीर्ण भारतीय राजनीति को नापसंद करने वाले राजीव और व्यस्तम होने के बाद भी अपने परिवार एवं बच्चों के लिए समय निकालने वाले राजीव। पर उनकी पहचान एक ही थी। स्वर्गीय राजीव गांधी देश के युवाओं को भारत का भविष्य मानते थे। महिलाओं को अधिकार संपन्न एवं आत्मनिर्भर बनाना चाहते थे। उनका मानना था कि यदि महिलाओं को अधिकारिता नहीं मिलेगी और उन्हें समान अवसर नहीं मिलेंगे तो वे समाज के निर्माण में अपनी भूमिका को सार्थक एवं प्रभावी ढंग से अदा नहीं कर पाएँगी। इसलिए उन्होंने हर क्षेत्र में महिलाओं की सक्रिय भागीदारी सुनिश्चित की। उनका मानना था कि जब तक नगरीय निकायों और पंचायतों को संवैधानिक अधिकार देकर आम आदमी के हाथ में सत्ता का विकेंद्रीकरण नहीं किया जाएगा, तब तक प्रजातंत्र को वह सफलता प्राप्त नहीं होगी, जिसकी हम अपेक्षा करते हैं। यही वजह है कि उन्होंने संविधान में 73वां और 74वां संशोधन करके नगरीय निकायों के चुनाव करवाकर उनका गठन किया तथा उन्हें अधिक वित्तीय एवं प्रशासनिक अधिकार देकर शक्ति संपन्न भी बनाया। सत्ता के इस विकेंद्रीकरण में जहाँ एक ओर सत्ता में आम आदमी की भागीदारी बढ़ाई, वहीं दूसरी ओर आम आदमी में राजनीतिक चेतना का भी विकास किया और वे अपने महत्त्व को समझने लगे। संवैधानिक पदों की ज़िम्मेदारी मिल जाने से कई लोगों को उत्तरदायित्वों को निभाने का मौका भी मिला, जिससे उनकी प्रतिभा, योग्यता और क्षमता प्रकाश में आई। स्वर्गीय राजीव गांधी धर्मनिरपेक्षता के प्रबल पक्षधर थे। उन्हें इस बात का बहुत दुःख था कि आज जिस तरह से देश में धर्मनिरपेक्षता आहत हो रही है और धार्मिक कट्टरता के सहारे लोग सत्ता की गद्दियों पर पहुँचने की कोशिश कर रहे हैं, उससे देश का हित होने वाला नहीं है। वे धर्मनिरपेक्षता को देश की पहचान मानते थे और कहते थे कि जिस दिन भारत वर्ष से धर्मनिरपेक्षता समाप्त हो जाएगी, उस दिन इस राष्ट्र के अस्तित्व पर भी संकट आ जाएगा। इसलिए उन्होंने सदा ही धर्मनिरपेक्ष ताकतों को बढ़ावा दिया।

पूर्व प्रधानमंत्री स्वर्गीय राजीव गांधी जब अपने जोश के शिखर पर थे, तब देश के दुश्मनों ने उनकी हत्या कर दी। बनावटीपन से दूर उनका अपनापन

लोगों को उनकी ओर आकर्षित करता था। उनका संयम आकर्षित करता था, लेकिन इससे भी ज्यादा लुभावना उनका युवा जोश था। यह जोश सभी के लिए प्रेरणास्रोत था। राजीव गांधी की प्रतिभा सातवें गुटनिरपेक्ष और राष्ट्रमंडल सम्मेलनों के दौरान सभी ने देख ली थी। इन सम्मेलनों को सफल बनाने के पीछे राजीव गांधी की बहुत बड़ी भूमिका थी। दुनियाभर के नेता राजीव गांधी से मिलकर अपनी परेशानी कहना चाहते थे। वे कितने प्रतिभाशाली हैं, यह उन्होंने सन् 1982 में श्रीमती इंदिरा गांधी के वाशिंगटन दौरे के दौरान अमेरिकी सीनेटरों के साथ हुई बैठक में दिखा दिया। अचानक सीनेटर पर्सी ने राजीव गांधी से पूछा कि 'वे भारत की समस्याओं को किस तरह से देखते हैं।' सभी लोग शांत हो गए, इंदिरा गांधी ने हँसते हुए अपने बेटे से जवाब देने को कहा। राजीव गांधी ने जवाब देकर सबका दिल जीत लिया। किसी भी व्यक्ति की सही पहचान संकट के समय उभरकर आती है और उसमें स्वर्गीय राजीव गांधी को दस में से दस नंबर दिए जा सकते हैं। संकट की घड़ी में भी वे कभी निराश नहीं हुए। उनके कदम कभी नहीं डगमगाए, न ही उन्होंने अपना रोष कभी जाहिर किया। अंतर्राष्ट्रीय स्तर पर उनकी छवि आज भी बहुत ऊँची है। उनके अंतिम संस्कार पर भारी संख्या में आए विदेशी उच्च पदस्थ लोग इस बात के सबूत हैं। मार्च 1990 में नामीबिया के स्वतंत्रता समारोह में वे शामिल हुए थे, उस समय किसी पद पर नहीं होने के बावजूद वहाँ राजीव गांधी की सबसे ज्यादा पूछ थी। अपनों में भी उन्हें उतनी ही इज्जत और प्यार मिला। वर्ष 1989 में काँग्रेस की जबर्दस्त हार के बावजूद पार्टी के एक भी सदस्य ने उनका साथ नहीं छोड़ा। सत्ता में रहकर भी स्व. राजीव गांधी ने देश को एक अलग स्टाइल के साथ सँभाला। उन्होंने सबको साथ रखते हुए देश को आगे बढ़ाया। स्वर्गीय राजीव गांधी में युवाओं से आशा की किरण जगाई।

16

राजीव की विदेश नीति

भारत की विदेश नीति की नींव देश के पहले प्रधानमंत्री जवाहरलाल नेहरू ने रखी थी। वह नीति वस्तुतः दुनिया के तमाम उन देशों के लिए रोशनी का काम करती थी जो औपनिवेशिक चंगुल से मुक्त हुए थे और मुक्त हो रहे थे। नेहरू जी की विदेश नीति का लक्ष्य औपनिवेशिक शोषण से गरीबी झेल रहे देशों में तेज आर्थिक विकास की लहर पैदा करना और शांतिपूर्ण सहअस्तित्व के जरिए विकास का रास्ता सुनिश्चित करना था। बाद में हर शासन ने उस नीति पर ही अमल किया जिसका एक मुख्य तत्त्व महाशक्तियों की होड़ से खुद को अलग रखना था। यह अलग बात है कि शीतयुद्ध के दबाव में और समय की नाजुक जरूरतों को देखते हुए भारत की विदेश नीति में कुछ परिवर्तन हमेशा किए गए। नेहरू जी की पुत्री इंदिरा गांधी ने भी ऐसा किया और इंदिरा के पुत्र राजीव गांधी ने भी नई परिस्थितियों के मद्देनज़र विदेश नीति के मोर्चे पर कई महत्वपूर्ण कदम उठाए। परंतु भारतीय विदेश नीति के मूल तत्त्व पड़ोसी देशों से सहयोग और मैत्री के रिश्तों को मज़बूत करना तथा क्षेत्रीय स्तर पर विदेशी ताकतों को दूर रखने पर उन्होंने पूरा अमल किया।

यही वजह थी कि पड़ोसी देशों की भारत के प्रति आस्था काफी बढ़ी हुई थी। इसी का नतीजा था कि जब 1989 में मालदीव के राष्ट्रपति अब्दुल कयूम की सत्ता को विद्रोहियों से संकट पैदा हुआ तो उन्होंने सहायता के लिए अमेरिका या चीन का मुँह नहीं देखा, उन्होंने भारत से त्राहिमाम् किया और राजीव गांधी ने 1500 सैनिक भेजकर उपद्रवियों की ओर से पैदा की जा रही अस्थिरता को रोका। श्रीलंका में भी तमिल आतंकवादियों की वजह से स्थिति

जरूरत से ज्यादा खराब हुई तो वहाँ की सरकार ने भी भारत से अनुरोध कर सैनिक मदद की माँग की। उन्होंने श्रीलंका के अनुरोध को स्वीकार कर शांति कायम करने के लिए शांति सैनिक भेजे। बाँग्लादेश को आज़ादी दिलाने के फैसले के बाद भारत सरकार के वे दो फैसले आज भी भारत को क्षेत्रीय ताकत की मान्यता के प्रतीक माने जाते हैं।

यह मानना गलत होगा कि ऐसा करके राजीव गांधी पड़ोस के देशों पर बड़े भाई की धौंस जमाने की मंशा का परिचय दे रहे थे। वस्तुतः उन्होंने पड़ोसी देशों को परेशानियों से बचाने के लिए ही ऐसा किया। वे मानते थे कि दक्षिण एशिया में किसी भी किस्म की राजनीतिक अस्थिरता का अर्थ है; महाशक्तियों को अपने पड़ोस से हस्तक्षेप की दावत देना। संबंध सुधारने के मामले में उनका सबसे बड़ा काम वस्तुतः चीन से 26 साल से ठंडे चले आ रहे रिश्तों को नया मोड़ देना था। सचमुच वह बड़ी और ऐतिहासिक पहल थी। सचमुच उसके लिए बड़े राजनीतिक आत्मविश्वास की जरूरत थी जो जनता की ओर से चुनाव में मिले विशाल बहुमत की वजह से उनमें था। भारत में उस समय भी 1962 में चीन के हाथों पराजय और अपमान-बोध हावी था। इसकी स्मृति देश की जनता के मन से मिटी नहीं थी। फिर भी उन्होंने चीन से रिश्ते सुधारे। वस्तुतः उन्होंने चीन के तत्कालीन शिखर पुरुष तेग शियाओ पिंग की उस समय की कथित व्यावहारिकता में भारत का हित ही देखा। चीन की वह व्यावहारिकता भारत के परंपरागत आदर्श से मेल खाती थी। राजीव की सोच का मूल तर्क यह था कि दोनों अति प्राचीन सभ्यता वाले पड़ोसी देश जो हज़ारों सालों से शांति से रहे हैं, पुनः संदेह मुक्त भाव से अच्छे मित्रों की तरह क्यों नहीं रह सकते और सीमा सहित सभी समस्याएँ बातचीत से क्यों हल नहीं कर सकते। उनकी चीन यात्रा का फैसला इस नज़रिए से अत्यधिक राजनीतिक महत्त्व का माना जाता है। उनके इस फैसले का लाभ भारत और चीन दोनों को मिला है। आज दोनों देशों के बीच व्यापार दस अरब डालर का होने जा रहा है जो रूस से भारत के व्यापार से कोई आठ गुना अधिक है और पूर्व एशिया में सबसे प्रगाढ़ व्यापारिक संबंध रखने वाले जापान से ढाई गुना। दोनों देशों ने राजीव गांधी की उस यात्रा के दौरान बातचीत से सीमा विवाद हल करने का फैसला किया था जिसके तहत दोनों देशों के अधिकारियों के बीच वास्तविक नियंत्रण रेखा के निर्धारण के लिए तेरह दौर की बातचीत हो चुकी है। अब उसी क्रम को आगे बढ़ाते हुए अटल

सरकार ने राजनीतिक स्तर पर सीमा-विवाद हल करने का फैसला किया। इसके बारे में कहा जाता है कि यह बातचीत सही दिशा में चल रही है। राजीव-तेग (शियाओ पिंग) फैसलों पर अटल जी की केंद्र सरकार ने भी अमल किया और मौजूदा सरकार (मनमोहन सरकार) भी ऐसा कर रही है। परमाणु निरस्त्रीकरण एक और ऐसा महत्त्वपूर्ण क्षेत्र है जिसमें राजीव गांधी ने नई ताज़गी के साथ गतिशीलता दिखाई। इस मामले में उनका नज़रिया एकदम व्यावहारिक था। वे परमाणु प्रसार के मसले पर महाशक्तियों के भेदभावकारी व्यवहार से क्षुब्ध थे और उन्होंने परमाणु अप्रसार संधि को उसी तरह अस्वीकार किया जिस तरह कि उनकी माँ श्रीमती इंदिरा गांधी अस्वीकार करती आ रही थीं। किंतु उन्होंने सकारात्मक कदम के रूप में विश्व स्तर पर 2010 तक पूर्ण परमाणु निरस्त्रीकरण की योजना बनाई और जिस पर काम करने का इरादा मौजूदा केंद्र सरकार ने पुनः व्यक्त किया है।

पड़ोसी देशों से संबंध सुधारने के मामले में राजीव गांधी की पाकिस्तान के साथ संबंध सुधार की पहल को भी याद करना उचित होगा। इत्तिफाक से उस समय पाकिस्तान में लोकतांत्रिक प्रक्रिया से चुनी गईं श्रीमती बेनजीर भुट्टो प्रधानमंत्री बनीं। दोनों देशों के नेताओं ने अपने-अपने देश की जनता की शांति-आकांक्षा के अनुरूप संबंध सुधारने में नई पहल की। यह दुर्भाग्य ही है कि पाकिस्तान के लोकतंत्र पर सैनिक सत्ता की कोपदृष्टि पड़ती रही और कभी भी पाकिस्तान में लोकतंत्र जड़ें नहीं जमा सका और उसी के समानांतर कभी भारत-पाकिस्तान के बीच वांछित दोस्ताना संबंध भी नहीं बन पाए। कहना न होगा कि सैनिक सत्ता के उस असर को आज भी पाकिस्तान की जनता को भोगना पड़ रहा है। बहरहाल राजीव गांधी के समय पाकिस्तान के साथ बातचीत से समस्याएँ हल करने के मसले पर जो रजामंदी कायम हुई थी, उसका असर उन दिनों दोनों देशों के बीच समग्र बातचीत के नए दौर में भी कुछ-न-कुछ है।

17

क्या कहते हैं लोग

राजीव एक स्वप्नदृष्टा थे। उनके युवा नेतृत्व से भारत के युवा; साथ ही समस्त देशवासियों ने देश के समग्र विकास की उम्मीदें लगा रखी थीं। वे उसमें कितने खरे उतरे; यह हम सब भली-भाँति जानते हैं। विविध लोगों का उनके प्रति क्या दृष्टिकोण था; इस अध्याय में हमने इसी प्रसंग में विभिन्न प्रतिष्ठित लोगों के विचार दिए हैं।

अब दिख रही है उनके सपनों की तासीर

किसी एक व्यक्ति में अधिकतम जितनी तहजीब, तमीज और शराफत हो सकती है, उतनी राजीव गांधी में थी। यह बहुत हद तक निजी था और निश्चित रूप से इसमें उनके खानदान की परंपराओं का भी योगदान था। उस परिवार के जितने सदस्यों को मैं निजी तौर पर जानती हूँ और जिनसे मिली हूँ, उन सबमें शराफत और विनम्रता कूट-कूटकर भरी थी। राजीव से मेरा परिचय बहुत बाद में हुआ। जिस समय इंदिराजी सत्ता से बाहर थीं, उस समय उनको राजनीति में कोई रुचि नहीं थी, लेकिन एक नज़र में पता चलता था कि इंसान की सारी खूबियाँ उनके भीतर थीं।

मुझे लगता है कि राजीव जी को इन खूबियों का कुछ खामियाजा भी भुगतना पड़ा। उनकी जिन दो खूबियों को स्पष्ट रूप से रेखांकित किया जा सकता है, वे खूबियाँ हैं—'दोस्ती निभाने की आदत और मुरव्वत।' बाद के समय में उनके दामन पर जो भी दाग लगे, उनमें उनकी इन दो खूबियों का भी हाथ रहा। वे बहुत भरोसा करते थे और मानकर चलते थे कि उनका जो दोस्त है; उनके जो करीब है और जो भी उन्हें सलाह दे रहा है, वह गलत नहीं कर रहा होगा। अपनी इस साफगोई और राजनीति की पेचीदगियों से

बनाई गई दूरी से उन्हें कुछ नुकसान हुआ।

किंतु जब राजनीतिक ईमानदारी और दूरदर्शिता की बात होगी तो निश्चित रूप से कहा जाएगा कि राजीव गांधी का इन दो मामलों में कोई जोड़ नहीं था। उनमें जबरदस्त दूरदर्शिता थी। अगर राजीव जी देश के राजनीतिक क्षितिज पर नहीं आए होते तो शायद आज हम इतने विकसित नहीं होते। उन्होंने जिस समय कम्प्यूटर को अपनाने की बात कही थी, उस समय अपने देश में किसी ने इस बारे में सोचा भी नहीं था। मुझे याद है जब राजीव जी ने संसद में कम्प्यूटर के बारे में बताना शुरू किया था तो अटलबिहारी वाजपेयी ने अपने खास अंदाज में मजाक करते हुए कहा था—"तो अब कम्प्यूटर हमें बताएगा कि देश में कब बारिश होगी।" आज उनकी यह बात सच साबित हो रही है। कम्प्यूटराइजेशन इस देश को राजीव जी की बहुत बड़ी देन है।

यह सही है कि जिस समय वे प्रधानमंत्री बने, उस समय राजनीति के हिसाब से बहुत कच्चे थे। लेकिन इसके बाद उन्होंने इस देश को समझने की कोशिश, इसकी मान्यताओं व परंपराओं को जानने का प्रयास किया। वे एक छलाँग में देश को 21वीं सदी में पहुँचा देना चाहते थे। उन्होंने बहुत कम समय में बहुत कुछ कर दिया, इस देश के लिए।

उस समय जो लोग राजनीति में थे और खासकर जो विपक्ष में थे, वे उनकी इस गुण को पहचान नहीं पाए। आज उनमें से बहुतों को अफसोस होगा। 17 साल हो गए बोफोर्स-बोफोर्स चिल्लाते रहे, परंतु क्या निकला? राजीव जी तब कहते थे कि वे निर्दोष हैं, लेकिन विपक्ष के लोगों ने उनकी बात का भरोसा नहीं किया। यह भी नहीं सोचा कि उस परिवार की क्या परंपराएँ रही हैं, कितनी गरिमा के साथ उस परिवार ने राजनीति की है और कितना त्याग इस देश के लिए किया है। लोग राजनीतिक चरित्र-हनन करते रहे और वस्तुनिष्ठ तरीका अख्तियार करने की बजाय इसे राजनीति का यंत्र बना लिया।

जहाँ तक राजनीतिक ऊँचाई पर पहुँचने और फिर नीचे गिरने की बात है तो मुझे लगता है कि यह कुदरत का निजाम है। जो जितनी ऊँचाई पर जाता है वहाँ से उसे नीचे आना ही होता है। किंतु इससे उनके व्यक्तित्व, उनकी ईमानदारी और निष्ठा में कोई कमी नहीं आई थी। बल्कि वे जब 1991 में चुनाव में गए तो ज्यादा परिपक्व राजनेता की हैसियत से गए। अगर अल्लाह उन्हें और उम्र बख्शता और वे 1991 में प्रधानमंत्री बनते तो निश्चित रूप से

काफी बदले हुए परिपक्व राजनेता के रूप में राजकाज चलाते। 1984 में वे राजनीति में आए तो कच्चे थे। पहली बार उनके प्रधानमंत्री बनने में इंदिरा गांधी की शहादत का बड़ा हाथ था। लेकिन अगली बार जब वे राजनीतिक परीक्षा में उतरे तो पूरी तरह से सफल नहीं हो पाए। दरअसल विपक्ष ने कुछ मामलों को गलत ढंग से उठाया और उसे प्रचारित कर उन्हें नुकसान पहुँचा दिया। उनके इस गलत प्रचार का नुकसान सिर्फ राजीव या काँग्रेस को ही नहीं, बल्कि पूरे देश को हुआ। जिस तरह से शाहबानो के मामले को या फिर अयोध्या में शिलान्यास के मामले को विपक्ष ने प्रचारित किया, उसी का नतीजा है कि देश में इतना सांप्रदायिक विभाजन हुआ। मंडल और कमंडल की राजनीति की शुरुआत ही इन दुष्प्रचारों से हुई। अपनी निजी राय में मैं अयोध्या में शिलान्यास के खिलाफ नहीं थी, लेकिन मुझे लगता था कि इसकी टाइमिंग गलत थी। उस समय चुनाव होने वाले थे और उस कदम ने काफी नुकसान पहुँचाया। इसके अलावा दूसरा मामला था बोफोर्स का। राजनीतिक रूप से राजीव जी और काँग्रेस—दोनों को इस मुद्दे ने काफी नुकसान पहुँचाया। आज इस मामले में राजीव जी पूरी तरह से निर्दोष साबित हो गए हैं लेकिन अगर उस समय यह मुद्दा नहीं उठा होता तो देश की तस्वीर दूसरी होती।

राजीव गांधी के कार्यकाल की कई खामियों को लेकर उँगली उठाई जाती है, लेकिन देखने की बात है कि वे किन परिस्थितियों में प्रधानमंत्री बने थे? उस समय कौन था देश को सँभालने वाला? उनके सिवा लोग किसी को स्वीकार नहीं करते। लेकिन राजनीतिक रूप से कच्चे होने की वजह से कुछ फैसले ऐसे हुए जो सही नहीं साबित हुए, लेकिन इसका दोष पूरी तरह से उन्हें नहीं दिया जा सकता है। वे सीधे विकास और तरक्की की बात करते थे, राजनीति जटिलताओं को छोड़ देते थे। उन्हें पता ही नहीं था कि समाज—जाति, समुदाय, संप्रदाय आदि के आधार पर इतना विभाजित हो गया था कि उनकी सदिच्छाओं की हो सकता है लोग कद्र न करें। दूसरे वे समझते थे कि उनके आसपास का आदमी उन्हें गलत सलाह नहीं दे सकता है। इसलिए वे जाति, समुदाय आदि से उठकर सब पर भरोसा करते हुए तरक्की की बात करना चाहते थे। लेकिन दुर्भाग्य से लोगों ने उन्हें समझा नहीं और जब तक समझा तब तक वे हमारे बीच नहीं रहे। (मोहसिना किदवई, सांसद, काँग्रेस)

मोहक व्यक्तित्व

राजीव गांधी मेरे लिए कोई अजनबी नहीं थे क्योंकि उनके प्रधानमंत्री बनने से पहले कई अवसरों पर मैं उनसे मिल चुका था। हर मुलाकात में उनके व्यक्तित्व की नई–नई खूबियाँ देखने को मिलीं। मेरी उनसे पहली मुलाकात उस समय हुई थी जब वे राजनीति से कोसों दूर थे। बात 1976 की है, मैं उस समय विदेश मंत्रालय की सेवा में था और मॉस्को स्थित भारतीय दूतावास में चांसरी प्रमुख का दायित्व निभा रहा था। पूर्व प्रधानमंत्री आई.के. गुजराल उस समय वहाँ भारत के राजदूत थे। 8 जून, 1976 को तत्कालीन प्रधानमंत्री इंदिरा गांधी सोवियत संघ के दौरे पर मॉस्को पहुँची थीं। उनके साथ उनके ज्येष्ठ पुत्र राजीव गांधी और बहू सोनिया गांधी भी थीं। उस दौरान राजीव को मास्को भ्रमण कराने का दायित्व श्री गुजराल ने मुझे ही सौंपा था। राजीव अति विनम्र व्यक्ति थे। मास्को से रवाना होते समय वे विशेष रूप से मुझसे मिलने आए और कहा कि उन्होंने दौरे का पूरा आनंद उठाया है तथा बहुत कुछ सीखा भी है। राजीव से मेरी दूसरी मुलाकात दिसम्बर 1980 में बंगलौर में हुई। तब भी वे इंदिरा जी के साथ कर्नाटक के दौर पर आए थे। उस समय मैं कर्नाटक में राज्य खुफिया विभाग में डीआईजी था। राज्य के तत्कालीन मुख्यमंत्री गुंडू राव ने राजीव और सोनिया को बंगलौर भ्रमण कराने का दायित्व मुझे सौंपा था। उनसे मेरी तीसरी मुलाकात भी कर्नाटक के गुलबर्गा में तब हुई जब उनके छोटे भाई संजय की हवाई दुर्घटना में मौत हो चुकी थी और उनके राजनीति में आने की अटकलें जोरों पर थीं। गुंडू राव ने उन्हें हैदराबाद के नवाबों द्वारा बनवाए गए भव्य गेस्ट हाउस एवान–ए–शाही में ठहराया था।

रात्रि लगभग 10 बजे जब मैं कुछ स्थानीय अधिकारियों से पास के गेस्ट हाउस में विचार–विमर्श कर रहा था तब मुख्यमंत्री का एक संदेश आया। मैं एवान–ए–शाही पहुँचा और मुख्यमंत्री के कमरे में प्रवेश किया। राजीव एवं गुंडू राव एक साथ बैठे थे। जब गुंडू राव ने मेरा परिचय कराया तो राजीव ने कहा—"हम एक-दूसरे को कई वर्षों से जानते हैं।" गुंडू राव ने मुझसे कहा कि राजीव कल से कर्नाटक राज्य का पथ भ्रमण करना चाहते हैं। राजीव ने मुझे कहा कि वे नहीं चाहते कि वर्दीधारी पुलिस उनके और जनता के बीच आए और यह तभी संभव है जब मैं खुली जीप में जाऊँ ताकि मैं जनता को और जनता मुझे देख पाए। मैंने उन्हें कहा कि 'यद्यपि यहाँ हज़ारों की संख्या

में आपके प्रशंसक हैं किंतु इस संभावना से इंकार नहीं करना चाहिए कि उनमें कोई एक पागल भी निकल आए जो आपके ऊपर पत्थर फेंक दे और यदि आप घायल हो गए तो कानून-व्यवस्था को लेकर गंभीर स्थिति पैदा होगी क्योंकि आप प्रधानमंत्री के पुत्र हैं।'

लंबे वाद-विवाद के बाद यह तय हुआ कि सादी वर्दी में पुलिस वाले अज्ञात गाड़ियों में उनका साथ देंगे तथा रात होते ही उन्हें बंद गाड़ी में आ जाना होगा। मुख्यमंत्री, राजीव के भ्रमण कार्यक्रम में कुछ और परिवर्तन चाहते थे क्योंकि उस समय तक कुछ परिस्थितियाँ बदल गई थीं। उन्होंने कहा—"हम अभी राजीव के पास चलकर मामले का निबटारा करते हैं ताकि कार्ययोजना के अनुसार रूपरेखा बनाई जा सके।" वे उठे और उन्होंने राजीव के कमरे का दरवाजा खटखटाया। 'अंदर आ जाइए', उत्तर मिला। गुंडू राव ने दरवाजा खोला व हम अंदर गए। राजीव तब कमर में तौलिया लपेटे बिस्तर पर बैठकर एक पुस्तक पढ़ रहे थे। गुंडू राव ने उनसे पूछा—"क्या आप योग कर रहे हैं?" "नहीं, गुंडू राव जी।" राजीव ने कहा—"मैं दो जोड़ी कपड़े लेकर आया था। एक बीदर में मालाओं और स्वागत बिंदी से गंदा हो गया। दूसरा, गुलबर्गा यात्रा के दौरान गंदा हो गया। मैंने दोनों जोड़ी कुर्ते-पायजामे धोए हैं ताकि कल सुबह पहन सकूँ।" "हम किसी और को कपड़े धोने के लिए बोले देते या रातोंरात नया कुर्ता-पायजामा सिलवा देते"—गुंडू राव ने कहा। "वह सब ठीक है, अपने कपड़े साफ करना कोई कठिन काम नहीं होता"—राजीव हँसते हुए बोले।

राजीव से मेरी अगली मुलाकात बहुत ही आश्चर्यजनक व दुःखद क्षण में हुई। मैं कोलकाता हवाई अड्डे पर 31 अक्टूबर, 1984 को बागडोगरा जाने के लिए जहाज़ का इंतजार कर रहा था, जहाँ से मुझे दार्जिलिंग के चाय बागानों के लिए जाना था। तभी पश्चिम बंगाल के खुफिया विभाग के आईजीएपी मुखर्जी अंदर भागते हुए आए और एक फोन किया। उन्होंने मुझे बताया कि प्रधानमंत्री श्रीमती इंदिरा गांधी की नई दिल्ली में गोली मारकर हत्या कर दी गई और राजीव पश्चिम बंगाल के दौरे पर हैं, अतः उन्हें कोलकाता लाने की व्यवस्था कर रहा हूँ ताकि वे यहाँ से नई दिल्ली के लिए तत्काल रवाना हो सकें। मैंने ड्यूटी पर तैनात पुलिस अधिकारी को अपना बोर्डिंग कार्ड रद्द करने तथा सामान बाहर निकालने को कहा। मैं हवाई जहाज़ की तरफ तेजी से भागा। राजीव अग्रिम पंक्ति में बैठे थे। मुझे देखते ही वे हमेशा की तरह

मुस्कुरा उठे। वे सीट से खड़े हो गए। मैंने बेचैनी से पूछा—"प्रधानमंत्री कैसी हैं?" उन्होंने उत्तर दिया—"वे बिल्कुल ठीक हैं। घबराने की कोई बात नहीं है। सबकुछ ठीक हो जाएगा।" और मैं वापस बाहर आया जहाँ वरिष्ठ अधिकारीगण इंतजार कर रहे थे। मैंने उन्हें बताया कि राजीव के सहज व शांत आचरण से लगता है कि प्रधानमंत्री के साथ कोई चिंताजनक घटना नहीं हुई है। अधिकारियों ने मुझे बताया कि इंदिरा गांधी की गोली मारकर हत्या कर दी गई है और राजीव इस खबर से अवगत हैं।

राजीव से मेरी अंतिम मुलाकात को विस्तारपूर्वक कैमरे में कैद किया गया है। अवसर था—एक शादी-पूर्व प्रीतिभोज, जो वाई.के. मोदी के न्यू फ्रैंड्स कालोनी, नई दिल्ली स्थित निवास पर 2 फरवरी 1991 को आयोजित किया गया था। मेजबान ने हमें खाने के लिए बुलाया। मैंने ज्यों ही प्लेट उठाई मेरी नज़र राजीव पर पड़ी जो मेरी तरफ हाथ उठाकर अभिवादन कर रहे थे। बातचीत के दौरान उन्होंने बताया कि 'जब मैं हैदराबाद में था तो डी. एम.के. की सरकार को बर्खास्त करने का निर्णय लिया गया। जब लोग कानून-व्यवस्था को लेकर चिंता करने लगे तो मैंने उन्हें समझाया कि डरने की कोई बात नहीं है। लेकिन इसके लिए आपको राज्यपाल का सलाहकार नियुक्त किया जाए तो आप सबकुछ सँभाल लेंगे।' "यह आपकी महानता है कि आपने मेरे लिए इतना कुछ सोचा, लेकिन मैं सलाहकार पद पर नियुक्ति के लिए बहुत जूनियर हूँ।"—मैंने कहा। राजीव ने कहा—"मैं नहीं मानता कि वरिष्ठता या उम्र कोई मायने रखती है। यह आपकी वचनबद्धता, समर्पण व कठिन परिश्रम पर निर्भर करता है।" यह आखिरी मुलाकात थी। (डी०आर० कार्त्तिकेयन, सेवानिवृत्त आईपीएस अधिकारी और राजीव गांधी हत्याकांड जाँच दल के नेतृत्वकर्ता)

जब सुरक्षा दायरा तोड़कर किसानों से जा मिले

चारों तरफ गहमागहमी का माहौल एवं भीड़ की अफरा-तफरी थी। इस अफरा-तफरी में कोई किसी को नज़र नहीं आ रहा था। अचानक मेरे कानों में एक आवाज़ गूँजी—"हे विलास! तुम इधर आओ, मेरी जीप में।" यह आवाज़ भारत को 21वीं सदी में प्रवेश कराने वाले एवं आधुनिक भारत के निर्माता हमारे स्व. नेता श्री राजीव गांधी की थी। बात 1987 की है। मैं उस समय महाराष्ट्र का नगर विकास मंत्री था और शंकर राव चव्हाण वहाँ के

मुख्यमंत्री थे। प्रधानमंत्री राजीव गांधी को महाराष्ट्र के सूखाग्रस्त क्षेत्रों का दौरा करने के लिए लातूर के औसार गाँव जाना था। अचानक राजीव गांधी अपनी सारी सुरक्षा व्यवस्था और पूरे यात्रा मार्ग को रद्द करते हुए खुली जीप में चल पड़े। जीप स्वयं राजीव गांधी चला रहे थे और उन्होंने मुझे स्वयं बुलाकर अपनी बगल वाली सीट पर बिठा लिया।

राजीव गांधी के इस अपनेपन पर मैं इतना अभिभूत था कि मेरी जुबान से कुछ निकल ही नहीं पा रहा था। बड़े आराम से जीप चलाते हुए राजीव गांधी ने तिरछी नज़र से मेरी ओर देखा और कहा कि 'अब मुझे सारी सच्चाई का पता चल जाएगा कि सूखाग्रस्त क्षेत्रों के लिए क्या इंतजाम हुए हैं, लेकिन आप मुझे औसार गाँव का रास्ता बताते रहें। यदि मैं अपने लाव-लश्कर के साथ आता तो इन गरीब किसानों की आवाज़ मुझ तक नहीं पहुँच पाती।'

रास्ते में उन्होंने मुझसे कहा कि 'केंद्र सरकार का जो भी पैसा गरीबी उन्मूलन या विभिन्न कार्यक्रमों के लिए भेजा जाता है, वह सही जगह पर पहुँचना चाहिए, यह राज्य में तुम्हें सुनिश्चित करना है।' राजीव गांधी के ये वाक्य आज भी मेरे दिलो-दिमाग में प्रेरणा बनकर गुंजायमान हैं। इसके बाद जब राजीव गांधी औसार गाँव पहुँचे और जिस प्रकार उनका स्वागत हुआ उसे बखान करना मुश्किल है। वहाँ के किसान उनकी बार-बार बलाएँ ले रहे थे और अपने को राजीव के इतने नजदीक पाकर उनकी आँखें खुशी से डबडबा उठी थीं।

राजीव जी से मेरी पहली मुलाकात उनकी मुंबई की धारावी यात्रा के दौरान हुई थी। उस वक्त राजीव जी अखिल भारतीय काँग्रेस के महासचिव थे। मैं उस दौरान राज्य सरकार में गृह राज्यमंत्री था, इसलिए राजीव गांधी को एयरपोर्ट से धारावी तक लेकर आने की ज़िम्मेदारी मुझे सौंपी गई थी। मैं जब पहली बार राजीव गांधी से मिला तो उनकी आँखों में आत्मविश्वास की चमक और दृढ़ इच्छाशक्ति से लबालब चेहरा देखकर मैं भाव-विभोर हो गया। सकुचाहट में मैं कुछ बोल नहीं पा रहा था, तभी उन्होंने मेरा परिचय पूछा। मैंने उनको अपना परिचय दिया और पूरी धारावी यात्रा के दौरान उनके साथ ही रहा। हमउम्र का तकाजा तो मैं नहीं कह सकता बल्कि यह राजीव जी का बड़प्पन ही था कि इसके बाद कहीं देखते तो नाम लेकर बुला लेते थे कि 'विलास, तुम इतनी दूर क्यों हो, नजदीक आ जाओ।' राजीव जी के इस अपनेपन का मैं इतना कायल था कि उनके दुःखद निधन के बाद महाराष्ट्र

में उनकी सबसे पहली और सबसे बड़ी प्रतिमा लातूर में स्थापित करवाई, ताकि आजीवन मैं उनके विचारों और सपनों को साकार करने के लिए प्रेरणा लेता रहूँ। राजीव जी के इन्हीं सपनों को साकार करने के लिए जब मैं महाराष्ट्र का मुख्यमंत्री बना तो मैंने उस प्रतिमा को पुष्प अर्पित करने के लिए काँग्रेस अध्यक्षा श्रीमती सोनिया गांधी को आमंत्रित किया ताकि राजीव जी के अधूरे कार्यों को सोनिया जी के नेतृत्व में आगे बढ़ाता रहूँ। राजीव जी का मुझे विशेष स्नेह प्राप्त था। मुझे नहीं मालूम कि वे मुझमें क्या देखते थे, किंतु जब कभी भी मैं कार्य के सिलसिले में राजीव जी से मिला करता था तो मेरी कार्य करने की शक्ति द्विगुणित हो जाया करती थी। यह उनका प्यार ही था कि 1987 में जब मैंने मांजरा शुगर फैक्टरी की स्थापना की तो राजीव जी ने खुद आकर उसका उद्‌घाटन किया। राजीव जी इतने जनप्रिय नेता थे कि इस शुगर फैक्टरी के उद्‌घाटन के पश्चात् मैंने उनके सम्मान में एक जनसभा रखी थी, जिसमें 3 लाख से ज्यादा भीड़ इकट्‌ठी हुई। जनता में यह हमारे जनप्रिय नेता का आदर था।

राजीव जी के कामों को गिनाने का मतलब तारे गिनने जैसी बात है, किंतु आज देश में पंचायती राज, महिलाओं को 33 प्रतिशत आरक्षण, 18 साल की आयु वालों को मताधिकार प्रमुख हैं। इसके अलावा घर-घर में कलर टेलीविज़न और पूरी दुनिया को मुट्ठी में बंद करने वाला मोबाइल फोन, इंटरनेट और आईटी क्षेत्र में आज भारत का तिरंगा विदेशों में लहरा रहा है, वह हमारे जनप्रिय नेता स्व. राजीव गांधी की ही देन है। (विलासराव देशमुख, काँग्रेसी नेता)

विकास की नई परिभाषा दी

राजीव गांधी ! यह नाम अपने आप में ही एक महान् क्रांति का प्रतीक है। मातृभूमि के प्रति राजीव जी का प्रेम निष्कपट था, क्योंकि वे सच्चे अर्थों में एक सहृदयी थे। वास्तव में उनके लिए भारत का अर्थ था—'इसमें रहने वाले करोड़ों लोग, न कि महज यहाँ की भूमि जिस पर लोग विचरण करते हैं।' सत्य तो यह है कि उन्होंने ठाकुर रवींद्रनाथ की गीतांजली को साकार कर दिया था। ग्रामीण और शहरी भारत का चेहरा बदलने तथा इलेक्ट्रॉनिक्स, विमान, औषधीय एवं बुनियादी और व्यावसायिक दक्षता से लैस कर, भारत को विश्व के सबसे विकसित देशों की कतार में खड़ा करने के लिए उन्होंने विशेषज्ञों और स्वप्नदर्शियों की एक फौज खड़ी की थी। उन्हें तो संगीत की

वही लहरियाँ पसंद थीं, जो भारत माता का गौरवगान करें। 'राजीव गांधी एविएशन एकेडमी' के डॉयरेक्टर कैप्टन जी. पट्टाभिरमण कहते हैं कि 'मेरा यह परम सौभाग्य है कि मैं लगभग तिहाई सदी तक राजीव जी के निकट रहा और मुझे उनके सपनों को पूरा करने में भागीदारी का अवसर मिला। 20 अगस्त, 1990 को मैं राजीव जी के दिल्ली स्थित निवास पर उन्हें जन्मदिन की बधाई देने गया था। मैंने पाया कि उनके घर और घर के आसपास देशभर से आए उनके प्रशंसकों और चाहने वालों की इतनी भारी भीड़ उमड़ आई थी कि कहीं तिल रखने की जगह नहीं बची थी।

सब लोग उन्हें जन्मदिन की बधाइयाँ देने पहुँचे थे। मुझे अहसास हुआ कि उनके प्यारे देशवासी उन्हें किस कदर प्यार करते हैं। दो घंटे की प्रतीक्षा के बाद ही मैं उनसे मिल पाया। राजीव गांधी एविएशन एकेडमी के मैंनेजिंग डॉयरेक्टर वाई. प्रभाकर रेड्डी बताते हैं कि राजीव जी की आँखें सदा हिमालयी ऊँचाइयों की तलाश में रहती थीं। इसी के अनुरूप उनका पवित्र हृदय ऐसा था मानो धवल बर्फ ने पर्वत को आच्छादित कर रखा हो। उनके देश, बल्कि कहना चाहिए कि उनकी 'माँ' ने उन्हें भारतरत्न देकर एक तरह से अपना ही सम्मान किया है। मुझे राजीव जी से 1990 में उस समय मिलने का अवसर प्राप्त हुआ, जब हैदराबाद में लॉ कॉलेज की स्थापना हुई थी। उन्होंने मुझे फ्लाइंग स्कूल प्रोजेक्ट की ज़िम्मेदारी लेने का परामर्श दिया। यह उन्हीं के प्रोत्साहन और शुभकामनाओं का परिणाम है कि राजीव गांधी एविएशन एकेडमी ने मूर्त रूप लिया है।

छोटे कार्यकर्ताओं को भी याद रखते थे

देश को सफलता के शिखर पर पहुँचाने के लिए जो संकल्पना स्व. श्री राजीव गांधी के मन में थी, उसको पूरा करना ही आज उनकी याद को अमर करेगा। जहाँ तक उनसे मेरी मुलाकात का संबंध है तो उस दिन मैं मुम्बई के षण्मुखानंद हाल में आयोजित कार्यक्रम में खड़ा था। यह 1983 की बात है। उस समय मैं युवक काँग्रेस का कार्यकर्ता था। स्व. राजीव गांधी काँग्रेस के महासचिव थे। षण्मुखानंद हाल के कार्यक्रम में राजीव गांधी जी ने जो भाषण दिया था उसी से प्रेरित होकर मैं सक्रिय राजनीति में कूद पड़ा। राजीव गांधी से यह मेरी पहली मुलाकात थी।

लेकिन तीन वर्ष बाद जब 1985 में काँग्रेस शताब्दी के अवसर पर यूथ

काँग्रेस शिविर में उनको दूसरी बार देखा तो उन्होंने खुद हाथ हिलाकर मुझे संबोधित किया। मेरे आश्चर्य का कोई ठिकाना नहीं रहा क्योंकि उस समय मैं यूथ काँग्रेस का एक छोटा कार्यकर्ता मात्र था। एक कार्यकर्ता को याद रखना केवल राजीव जी के ही व्यक्तित्व की बात थी। आज मैं महाराष्ट्र राज्य का मंत्री बन गया हूँ, लेकिन राजीव जी को दूसरी मुलाकात के अवसर पर उनका हाथ हिलाना मेरे लिए यादगार बना हुआ है।

राजीव जी ने जिन आपातकालीन परिस्थितियों में देश की बागडोर सँभाली थी, उस समय उनके विरोधी उन्हें नौसिखिया कहते थे। लेकिन चंद दिनों में ही उन्होंने अपने विरोधियों का मुँह बंद करते हुए यह साबित कर दिया कि आसमान में हवाई जहाज़ का संतुलन बनाए रखने वाला पायलट देश को सफलता के शिखर पर पहुँचाने के लिए कितना योग्य है। देश के नौजवानों को प्रगति के मार्ग पर ले जाने का जो संकल्प उन्होंने काँग्रेस शताब्दी के अवसर पर दोहराया था, वह पूरा करते हुए वे हमारे बीच से गुजर गए तो ऐसा लगा मानो संभावनाओं का ही अंत हो गया। अब तो उनके संकल्पों को पूरा करना ही उनकी यादों को संजोने का सही तरीका होगा। (मो. आरिफ नसीम ख़ान)

आराम के लिए हेराफेरी

राजीव जी देश के प्रधानमंत्री थे, काँग्रेस के अध्यक्ष थे, नवयुवकों का भविष्य थे, और उनके नेतृत्व में भारत 21वीं सदी के द्वार पर विश्व की सबसे बड़ी महाशक्ति बनने की दस्तक दे रहा था। उस व्यक्तित्व और सहज विचारों के धनी राजीव जी के बारे में मैं लिखना चाहूँ तो हिमालय वह कलम नहीं दे सकता, सागर वह स्याही नहीं दे सकता।

इंदिरा जी ने 30 अक्टूबर, 1984 को भुवनेश्वर की सभा में कहा था कि 'मैं जीवित रहूँ या न रहूँ, मेरे खून का आखिरी कतरा भी देश के काम आएगा।' ऐसे ही राजीव जी कहा करते थे—'चले चलो, चले चलो। वह मंज़िल अभी नहीं आई।' आज हम सब उसी मंज़िल को पाना चाहते हैं। वह अगुवाई करके चले गए, लेकिन अब भी हम सब मंज़िल तक नहीं पहुँच पाए हैं। राष्ट्रपिता महात्मा गांधी कहा करते थे कि जब तक सभी इंसानों को पेट भर रोटी, तन ढकने को कपड़ा और रहने को मकान नहीं मिल जाता है, तब तक लोकतंत्र अधूरा है। महात्मा गांधी से लेकर स्व. श्री जवाहरलाल नेहरू, स्व. इंदिरा गांधी के इन विचारों और संस्कारों से पल्लवित राजीव गांधी इस मंज़िल को पाने के लिए चले थे।

राजीव जी की इस मंज़िल को पाने के लिए अब हम सब सोनिया जी की अगुवाई में चल रहे हैं। इसी मंज़िल को पाने की प्रेरणा अब सोनिया जी के नेतृत्व में राहुल जी के सहयोग से एवं प्रियंका जी की छाया से काँग्रेस को मिल रही है।

राजीव जी ने जब कलर टी.वी. की बात की थी तब विपक्षियों ने उसे रंगीन सपना करार दिया था, लेकिन उस समय मुंगेरी लाल का सपना बताने वालों के बाथरूम में भी अब कलर टी.वी. लगा हुआ है। भारत आज विदेशों में आईटी का जो परचम लहरा रहा है, वह राजीव गांधी की देन है। ध्वनि तरंगों ने जो दूरियाँ खत्म की हैं और दुनिया सिमटकर एक छोटी-सी डिबिया में बंद हो गई है, उस मोबाइल को लाने वाले राजीव गांधी हैं। कम्प्यूटर से लेकर वीडियो कांफ्रेंसिंग तक भारत के सूरमाओं ने अमेरिका में झंडा गाड़ रखा है। यह राजीव गांधी के विचारों और सपनों से संभव हुआ है।

मुझे आज भी अच्छी तरह से याद है कि वह 9 मई, 1991 का दिन था, जब मुझे राजीव जी के अंतिम बार दर्शन हुए। चुनावी सभाओं के उस दौर में राजीव जी ने मुम्बई के नागपाड़ा में सुबह 3:30 बजे एक सभा संबोधित की और तत्कालीन मुख्यमंत्री शरद पवार के वर्षा बंगले में आकर आनन-फानन स्नान किया तथा कपड़े बदले और एयरपोर्ट निकलते वक्त कार में बैठकर अपनी शेविंग की, क्योंकि 5 बजे की कोचीन जाने की उनकी फ्लाइट थी। मुझे उनको एयरपोर्ट पर बोर्डिंग पास देने की ज़िम्मेदारी सौंपी गई थी। हालांकि उस वक्त मैंने गलती की थी, क्योंकि मुझे मुंबई काँग्रेस अध्यक्ष मुरली देवड़ा ने 2 बोर्डिंग पास दिए थे, जिसमें एक बोर्डिंग पास पत्रकार प्रीतिश नंदी का था और वे फ्लाइंग के दौरान राजीव जी का इंटरव्यू करना चाहते थे। राजीव जी जैसे ही एयरपोर्ट पहुँचे, उन्होंने कहा—"रामभरोसे, मेरे साथ कोई नहीं जाएगा, मैं बहुत थका हुआ हूँ और डेढ़ घंटे की उड़ान में मैं आराम करना चाहता हूँ।" मैंने राजीव जी का मासूमियत भरा थका हुआ चेहरा देखा। उस चेहरे को देखकर मुझे गलती करने का कोई अहसास नहीं हुआ और मैंने गलती कर दी।

मैंने नंदी का बोर्डिंग पास कुर्ते की जेब से निकालकर पायजामे की जेब में डाल दिया। जब विमान में चढ़ने का वक्त आया तो कुर्ते के अंदर हाथ डालने पर एक ही बोर्डिंग कार्ड निकला और नंदी का बोर्डिंग पास कहाँ गिरा?

कैसे गिरा? उसे ढूँढ़ने का पूरा नाटक करके मैंने राजीव जी को अकेले जाने दिया। मुझे कोचीन से जब राजीव जी के निजी सहायक एम.एल. गुप्ता का फोन आया कि आपने बहुत अच्छा किया, तो राजीव जी ने स्वयं फोन ले लिया और पूछा कि 'यह तुमने कैसे किया?' मैंने उन्हें नंदी का बोर्डिंग पास छिपाने वाली पूरी घटना बता दी। तब राजीव जी ने मुझसे कहा—"रामभरोसे, तुमने मुझे जो डेढ़ घंटे आराम दिलवाया है, उससे मैं तरोताजा महसूस कर रहा हूँ।"

इतना सुनकर मैं धन्य हो गया और मेरे मन में जो गलती करने का अपराध बोध महसूस हो रहा था, वह निकल गया। मेरे पुराने निवास स्थल का नाम रामभरोसे है और इसलिए राजीव जी मुझे कृपाशंकर की बजाय रामभरोसे से संबोधित करते थे।

मैं पहले ही कह चुका हूँ कि राजीव जी की उपलब्धियों का बखान करने के शब्द मेरे पास नहीं है, बस उनके सपनों को साकार करने के लिए उनके शब्द 'चले चलो, अभी मंज़िल नहीं आई है', को आत्मसात करके बस चलते जा रहे हैं, चलते जा रहे हैं। (कृपाशंकर सिंह, काँग्रेस नेता)

———

18

सोनिया की चलती तो राजनीति में नहीं होता

श्रीमती इंदिरा गांधी की हत्या के बाद सबसे कम उम्र में दुनिया के सबसे बड़े और सक्रिय लोकतंत्र के प्रधानमंत्री बनने पर न केवल भारत में राजनीतिक दलों और उनके नेताओं को आश्चर्य हुआ था बल्कि दुनिया के देश उनकी प्रशासनिक क्षमता पर नज़र रख रहे थे। वे अपने परिवार के तीसरी पीढ़ी के सदस्य थे जो अप्रत्याशित परिस्थितियों में प्रधानमंत्री बने थे। जीवंतता उनके जीवन का एक अभिन्न हिस्सा था। वे अपने नाना की तरह मिलनसार थे और किसी को भी अपना बनाना उन्हें आता था। अपनी माँ के विपरीत वे इतने सहज थे कि किसी पर भी सहसा भरोसा कर लेते थे। देश पर दूरगामी असर करने वाली छोटी और शुरुआती घटनाओं को भी बहुत व्यापक संभावनाओं से जोड़ कर देखने के वे आदी थे। यही चीजें बाद में उनकी पीड़ा बनने लगीं।

बिहार की एक यात्रा का संस्मरण बहुत रोचक था। वे प्रधानमंत्री के पद से हट चुके थे और संसद में विपक्ष के नेता की भूमिका निभा रहे थे। चुनाव हारने के बाद राजीव उत्तरी भारत में वैकल्पिक दलों के बीच दया की पात्र बनती जा रही काँग्रेस का नए सिरे से जनाधार मज़बूत करने की योजना के तहत देश भर में रेल यात्राएँ कर रहे थे। इस कार्यक्रम के तहत उस दिन रक्सौल (बिहार का एक पिछड़ा जिला) में काँग्रेस की एक रैली को संबोधित करना था। वे चार सीटों वाले एक छोटे-से विमान से रक्सौल उतरे। उनकी एक झलक पाने के लिए सभा स्थल पर भारी भीड़ उमड़ रही थी। सभी उनसे हाथ मिलाने के लिए लालायित थे। राजीव सुरक्षा घेरा तोड़कर

भीड़-भाड़ में जा घुसे। सभी का अभिवादन स्वीकार किया। बहुत सहज और एक सामान्य नेता की तरह लोगों से मिलकर वे प्रसन्न दिखते थे।

बिहार के दूसरे जिलों में अधिकाधिक लोगों से मिलने के लिए पार्टी ने उनकी यात्रा रेल से निर्धारित कर रख थी। बिहार की बदहाल रेल व्यवस्था, उस पर दूसरा दर्जा। राजीव उस यात्री गाड़ी में सवार हुए जिनके बहुसंख्यक यात्री टिकट लेने से परहेज़ करना अपना कर्त्तव्य समझते हैं। एक सामान्य यात्री की तरह राजीव रेल के डिब्बे में सवार हुए और खिड़की की तरफ जा बैठे; जिससे वे लोगों का अभिवादन स्वीकार कर सकें। सुरक्षा के नाम पर सिर्फ उनके निजी अंगरक्षक के तौर पर दिल्ली पुलिस के उनके विश्वासपात्र सब इंस्पेक्टर प्रदीप गुप्ता थे।

गाड़ी जिस किसी भी स्टेशन पर रुकती, राजीव हैंड लाउडस्पीकर से लोगों को संबोधित करते। उनसे काँग्रेस को मज़बूत करने की अपील करते; देश को इक्कीसवीं सदी में ले जाने के अपने सपने का स्मरण कराते। इस दौरान उन्होंने सैकड़ों किलोमीटर कर यात्राएँ खुली जीप पर कीं।

राजीव अपना खाना अपने साथ लेकर चलते। जहाँ मौका मिलता कुछ खा लेते। रास्ते में वे कई किस्से सुनाते; मजाक करते; व्यक्तिगत सवाल पूछते। बोफोर्स के हमले से वे बहुत आहत थे।

देर रात मुजफ्फरपुर पहुँचे। राजीव गेस्ट हाउस के अपने कमरे में चले गए। हालांकि तब भी भारी भीड़ उनके आने की प्रतीक्षा कर रही थी।

अगले दिन एक पत्रकार ने उनसे पूछा कि '1971 के बाद काँग्रेस संगठन का औपचारिक तौर पर भी चुनाव नहीं हुआ है। ऐसे में काँग्रेस अध्यक्ष के नाते आप कैसे दावा करेंगे कि जिस संगठन के बूते आप प्रधानमंत्री बने, वह लोकतांत्रिक है? शंकरदयाल शर्मा काँग्रेस के आखिरी चुने हुए अध्यक्ष थे। उनके बाद पार्टी संगठन का कोई चुनाव नहीं हुआ?'

दूसरे नेताओं की तरह राजीव इस सवाल को टाल सकते थे या उसका गोलमटोल जवाब दे सकते थे। लेकिन नहीं। राजीव गांधी ने माना कि इस आधार पर उनका काँग्रेस संसदीय दल का नेता चुना जाना किसी भी लिहाज से लोकतांत्रिक नहीं था। लेकिन उन्होंने लोकतांत्रिक व्यवस्था में राजनीतिक दलों की मज़बूरियाँ गिनाईं और कहा 'कोई बात नहीं। हम जल्द ही पार्टी संगठन का लोकतांत्रिक तरीके से चुनाव कराकर इस कमी को पूरा कर देंगे।'

कुछ दिनों बाद राजीव ने पार्टी का चुनाव कराकर इस कमी को पूरा कर दिया। इसी बातचीत में उन्होंने यह भी माना कि प्रधानमंत्री रहते हुए वे अनेक ऐसे लोगों से घिर गए थे जिनके कारण उनके दफ्तर और उन्हें फजीहत का सामना करना पड़ा। उनके सक्रिय राजनीति में आने के सोनिया गांधी के विरोध के बारे में पूछे जाने पर उन्होंने कहा—"उनकी चलती तो मैं स्वयं राजनीति में नहीं होता। परिस्थितियों ने मुझे राजनीति में घसीट डाला है।"

वे मजाक करते—"अब तो मुझे कोई नौकरी भी नहीं मिलेगी।"

19

जीवन संगिनी सोनिया

अक्टूबर 1964 में एक शनिवार की शाम की बात है। दो इतालवी लड़कियों ने साथ-साथ डिनर पर जाने की योजना बनाई। वे कैंब्रिज के बेल स्कूल ऑफ लैंग्वेजेस में अंग्रेजी की छात्राएँ थीं। वे रीजेंट स्ट्रीट में आहिस्ता-आहिस्ता टहलते हुए रेस्तरां, दुकानों को पार करते हुए खाने के लिए अच्छी जगह तलाश रही थीं। आखिरकार वे वर्स्टी रेस्तरां पहुँचीं। वहाँ यूनानी खाना मिलता था और चावल के साथ मुस्साका उसकी खास डिश थी। दोनों जैसे ही उस रेस्तरां के दरवाजे पर पहुँचीं, तो उनका स्वागत लुईगी ने किया। वह लंबा, सुंदर इतालवी युवक था।

दोनों लड़कियाँ खिड़की के पास टेबल चाहती थीं, लेकिन ग्राउंड फ्लोर पर जितनी टेबल खिड़कियों के पास थीं, वे बुक थीं। इसलिए लुईगी उन्हें कैश डैस्क के पास पड़ी गोल मेज के पास ले जाता हुआ गुजरा। गोल मेज पर कुछ भारतीय और पाकिस्तानी छात्र गंभीरता से सियासी बातें कर रहे थे। दोनों लड़कियाँ सीढ़ियाँ चढ़कर पहले माले पर खिड़की के पास वाली मेज पर बैठ गईं।

दोनों लड़कियाँ जब गोल मेज के पास से गुजरी थीं तो उन्होंने वहाँ मौजूद छात्रों को अपने व्यक्तित्व से खासा प्रभावित किया था। छात्रों पर अजीब किस्म की खुमारी छा गई थी और वे सभी सियासी दाँव-पेंचों की बातों को भूल से गए थे।

वर्स्टी, कैंब्रिज शहर के बीचोंबीच रीजेंट स्ट्रीट पर स्थित है। उसके चारों ओर बहुत सारे कॉलेज हैं, जो मिलकर कैंब्रिज विश्वविद्यालय बनाते हैं। वर्स्टी मध्य वर्ग रेस्तरां है, न बहुत ज्यादा सस्ता और न ही बहुत महँगा। उसके बराबर

में कई सिनेमाघर हैं और मार्किट स्क्वेयर, जो शहर का दिल है, वह भी उससे दूर नहीं है। कैंब्रिज आजकल जनवरी से दिसंबर तक पर्यटकों को आकर्षित करता है। किंतु साठ के दशक में गर्मियों में ही पर्यटक आते थे और अक्टूबर तक जब मिशएलमा का सत्र शुरू होता था, तो इंगलिश सर्दी की उदासी छाने लगती थी और शहर अपने पढ़ाकुओं के ही भरोसे रह जाता था।

कैंब्रिज के पढ़ाकुओं में सबका संबंध विश्वविद्यालय से ही था। उनमें से ज्यादातर छात्र थे और बाकी फैकल्टी और उसका सहयोगी स्टाफ। कैंब्रिज में बहुत सारे भाषा ज्ञान के भी स्कूल हैं। वे विदेशी छात्रों, विशेषकर यूरोपीय छात्रों को अंग्रेजी सिखाते हैं। इन छात्रों में बड़ी संख्या लड़कियों की होती है। इनमें सबसे अच्छा स्कूल वेल स्कूल ऑफ लैंग्वेजस था, लेकिन वह सबसे महँगा भी था। लड़कियों और रईस घराने के कुछ लड़के अपनी पढ़ाई खत्म करने के बाद लेकिन अपना कैरियर या वैवाहिक जीवन शुरू करने से पहले, एक या दो साल इस स्कूल में अंग्रेजी सीखते या उसे सुधारते हैं। यही वजह थी कि अक्टूबर की उस शाम को इटली की सोनिया मानियो और उनकी सहेली वर्स्टी पहुँचीं।

ताहिर जहाँगीर ने लाहौर में एटचिनसन कॉलेज से ए लेविल खत्म करने के फौरन बाद क्लेर कॉलेज कैंब्रिज में दाखिला ले लिया था। इसलिए उनके ज्यादातर सहपाठी उनके साथ न थे। पुराने सहपाठियों में से ज्यादातर ने गवर्नमेंट कॉलेज लाहौर में प्रवेश ले लिया था। कुछेक ने एक या दो साल बाद कैंब्रिज में भी दाखिला लिया। बहरहाल, ताहिर जहाँगीर का उस समय कैंब्रिज में न कोई दोस्त था और न ही ठिकाना। उन्हें दोनों की ही तलाश थी। इस बीच उनकी मुलाकात मियाँ सुहेल इफ्तिखार से हो गई। वे स्वतंत्रता सेनानी मियाँ इफ्तिखारउद्दीन के बेटे थे। गौरतलब है कि मियाँ इफ्तिखारउद्दीन पं. जवाहरलाल नेहरू के दोस्त और साथी थे। सुहेल कैंब्रिज विश्वविद्यालय में कई वर्ष गुजार चुके थे। उन्होंने ताहिर को अपनी पनाह में ले लिया और प्यार से उन्हें अजीजम कहने लगे। ज्यादातर शामों में सुहेल ही ताहिर की रहनुमाई किया करते थे और यही वजह थी कि उस शनिवार की शाम को वर्स्टी में ताहिर भी गोल मेज पर बैठे थे।

गोल मेज पर एटचिनसन कॉलेज से बहुत अलग माहौल था। वहाँ सुहेल, राजीव गांधी, संजय गांधी, ताहिर, एक पारसी और एक अंग्रेजी दोस्त बैठे हुए थे। जब वे दोनों लड़कियाँ मेज के पास से गुजरीं तो सारी गुफ्तगूँ पर एकदम से विराम लग गया। कैश डेस्क पर बैठे रेस्तरां के मालिक

चार्ली के मुँह से एक हल्की सी सीटी निकली और लुईगी ने चौड़ी मुस्कराहट के साथ विजयी मुद्रा में मुड़कर देखा। गोल मेज पर जल्द ही बातचीत फिर शुरू हो गई।

ताहिर ने महसूस किया कि राजीव ख्यालों में खो गए हैं और वार्तालाप में हिस्सा नहीं ले रहे हैं। राजीव के चेहरे पर मदहोशी के भाव थे।

राजीव ने एक पेपर नैपकिन उठाया और बहुत सावधानीपूर्वक नैपकिन पर एक कविता लिखनी शुरू कर दी। राजीव ने फिर लुईगी को बुलाया और उससे कहा कि वह वर्स्टी में उपलब्ध शराब की सबसे अच्छी बोतल लेकर आए। राजीव ने लुईगी को मोटी टिप दी और उससे कहा कि वह लड़कियों के पास जाए, उन्हें शराब की बोतल प्रैजेंट करे, उसे उनके गिलासों में डाले और फिर वह नैपकिन उस लड़की को दे, जिसका बाद में परिचय सोनिया मानियो के रूप में हुआ। राजीव और सोनिया की यह पहली मुलाकात थी।

कुछ रोचक प्रसंग

राजीव ने सोनिया को पहले पहल देखा तो उन्होंने क्या कहा? उन्हीं के शब्दों में—"जब पहली बार मैंने उसे देखा, मुझे लगा कि यह लड़की (सोनिया) मेरे लिए ही है।" सोनिया को कैसा अनुभव हुआ? उन्हीं के शब्दों में—"ज्यों ही मेरी आँखें मिलीं, मैंने अनुभव किया, मेरा दिल ज़ोर-ज़ोर से धड़कने लगा है।" सोनिया मानती हैं कि उनके लिए यह पहली नज़र में प्यार था।

• • • •

राजीव पत्रों द्वारा अपनी माता श्रीमती इंदिरा गांधी को सोनिया के बारे में लगातार बताते रहते थे। इंदिरा उनसे मिलने को राजी थीं। उन्हीं दिनों इंदिरा गांधी को जवाहरलाल नेहरू पर एक प्रदर्शनी का उद्घाटन करने के लिए लंदन आना था। उनकी मुलाकात भारत भवन (लंदन) में तय की गई। इस मुलाकात के पहले पहले सोनिया बेहद नर्वस हो गई थीं, उनका आत्मविश्वास टूट चुका था, अंततोगत्वा यह मुलाकात टल गई। बाद में सोनिया ने कहा कि 'वे (इंदिरा जी) उनसे फ्रैंच में बात करें क्योंकि उन्हें फ्रैंच, अंग्रेजी से अच्छी आती है।' अबकी बार मुलाकात भारतीय उच्चायुक्त के आवास पर रखी गई। इंदिरा और सोनिया के बीच फ्रैंच में बातें हुईं। इंदिरा जी भी फ्रैंच अच्छी जानती थीं। यहाँ

सोनिया से उनके बारे में, शिक्षा और घर–परिवार के बारे में पूछा गया।

• • • •

13 जनवरी, 1968 को सोनिया ने भारत की ज़मीन पर कदम रखा। यहाँ अमिताभ बच्चन उनके पहले मित्र बने।

• • • •

1 सफदरजंग रोड के लॉन में 25 फरवरी 1968 को शादी की रस्में अदा की गईं। शादी में राजीव ने दूधिया रंग की सिल्की पटियाला अचकन और चूड़ीदार पाजामा पहना और गुलाबी भरतपुरी पगड़ी बाँधी। सोनिया ने गुलाबी पीली खादी की साड़ी पहनी। उन्होंने कृत्रिम ज़ेवरों के स्थान पर प्राकृतिक फूलों—चमेली आदि के गजरे—कुहनियों, कलाइयों और गर्दन पर बाँध रखे थे। संजय गांधी ने भी राजीव की भाँति पीली पगड़ी बाँध रखी थी। यहाँ हल्का-फुल्का खान–पान हुआ। शाम के समय हैदराबाद हाउस (दिल्ली) में लगभग 250 मेहमानों की मेहमानवाजी की गई। मेहमानों ने ज़मीन पर पंगत के रूप में बैठकर भोजन किया। अगले दिन इंदिरा गांधी ने एक हज़ार से भी अधिक आमंत्रित अतिथियों को अशोक होटल (दिल्ली) में पारसी, कश्मीरी और इटेलियन आदि व्यंजनों का शानदार भोज दिया।

• • • •

सोनिया पहली बार 1969 में गर्भवती हुईं। लेकिन योगाभ्यास के चलते उनका गर्भपात हो गया। उन दिनों स्वामी धीरेन्द्र ब्रह्मचारी उन्हें योग सिखाते थे। 19 जून, 1970 का राहुल का जन्म हुआ। सोनिया बताती हैं कि उस दौरान इंदिरा जी से उन्हें माँ जैसा प्यार मिला। उन्हें लगा कि पति राजीव तो उनके लिए श्रेष्ठ हैं ही, लेकिन सास इंदिरा उनसे भी श्रेष्ठ हैं।

• • • •

शुरू.शुरू में भारतीय भोजन और परिधान सोनिया को पसंद नहीं थे। सास और पति इसके लिए उन पर किसी प्रकार का दबाव भी नहीं डालते थे। लेकिन एक बात सभी के लिए आवश्यक थी—खाने के समय हिंदी में बात करना। इस परंपरा को सभी को निभाना पड़ता था। धीरे–धीरे सोनिया को यहाँ का भोजन भाने लगा। आज पास्ता, नूडल्स और स्पेघेटी आदि इटेलियन व्यंजन उनकी रसोई में यदा–कदा ही बनते हैं।

• • • •

देवर संजय गांधी से भी सोनिया की अच्छी मित्रता थी। राजीव, अमिताभ, अजिताभ (अमिताभ के भाई), सोनिया और संजय कभी लम्बी ड्राइव पर, कभी सिनेमा देखने और कभी इंडिया गेट के लॉन पर आइसक्रीम खाने बहुदा साथ-साथ जाते थे। गर्भावस्था के दौरान जब राजीव फ्लाइट पर बाहर जाते तो संजय गांधी अपनी भाभी का ध्यान रखते थे। वे अपनी बातों से उनका मनोरंजन करते थे।

• • • •

राजीव के राजनीति में आने पर सोनिया ने अपना पहनावा बदला। जींस और स्कर्ट के स्थान पर अब वे साड़ी और सलवार-कमीज पहनने लगी थीं। इंदिरा जी की हत्या के बाद राजीव प्रधानमंत्री बने। वे सोनिया से अपनी सारी बातें बाँटते थे। भारत को उन्नत राष्ट्र बनाने के अपने सपने के बारे में बताते थे। धीरे-धीरे सोनिया की इन बातों में रुचि उत्पन्न होने लगी।

• • • •

सोनिया को सदमे से उबारने के लिए राजीव उन्हें अपने साथ राजनीतिक दौरों पर ले जाने लगे। फोटोग्राफ में वे रहस्यमय, एकाकी और शुष्क लगती थीं। राजीव के आलोचकों ने तो उन्हें सिंहासन के पीछे की सत्ता तक घोषित कर दिया। कुछ लोगों ने उन्हें तुरिन (इटली) की नूरजहाँ कहा तो कुछ लोगों ने यूनान के मिथकों का दैत्य स्फिंक्स—जिसका सिर महिला का और शरीर सिंह का कहा गया है जो शहर के बाहर खड़ा होता था और आने-जाने वालों से पहेलियाँ पूछता था तथा उत्तर न देने वालों को मार डालता था।

• • • •

राजीव के लिए सोनिया ने अमेठी में घर-घर जाकर वोट भी माँगे थे। तब उनका एक वाक्य बहुत चर्चा का विषय बना था। वह था—'पति जी को वोट दीजिए।'

• • • •

राजीव और सोनिया साल में एक बार छुट्टियों का भरपूर लुत्फ उठाते थे। राजनीति में आने से पहले दोनों कभी इटली में तो कभी भारत में छुट्टियाँ मनाते थे। उन्हें फोटोग्राफी और वन्य जीवन दर्शन का बहुत शौक था। क्रिसमस और नव वर्ष को पूरा परिवार साथ-साथ मौज-मस्ती करता था। इसमें सोनिया

की माता पाओला माइनो, उनकी दोनों बहनें और उनके पति भी साथ होते थे। राजीव के प्रधानमंत्री बनने के बाद भी यह सिलसिला बदस्तूर जारी रहा। 1985 में सोनिया की माता और दोनों बहनें राजीव, सोनिया, प्रियंका और राहुल के साथ मध्य प्रदेश के कान्हा राष्ट्रीय उद्यान में सैर-सपाटे के लिए गए। 1986 में सभी लोग राजस्थान में रणथम्भौर गए। इस दौरान इन्होंने वहाँ श्रीदेवी की फिल्म की शूटिंग भी देखी।

• • • •

राजीव आलोचना की परवाह नहीं करते थे। वे सलाहों की अनदेखी करते रहे और मन-माफिक जीवन जीते रहे। दिसम्बर, 1987 में वे परिवार के साथ लक्षद्वीप में छुट्टियाँ मनाने गए। बोफोर्स मामला अब तक काफी गर्म हो चुका था फिर जब तक राजीव सँभलते, बहुत देर हो चुकी थी।

• • • •

जब राजीव सत्ता में थे, उनकी जीवनशैली चर्चा का विषय बन गई थी। डिजाइनदार जूतों, तेज़ चलने वाली कारों और कीमती साजोसामान के प्रति उनका मोह चर्चा और बहस का विषय बन गया। नई दिल्ली में किसी प्रधानमंत्री को पहली बार अपनी गाड़ी स्वयं चलाते देखा गया। वे राजीव थे जो जोर्डन के शाह हुसैन से भेंट मिली मसर्डीज-बेंज़ चलाया करते थे। लोगों की आलोचना को खरी-खोटी सुनाते हुए तब दून स्कूल में राजीव के सहपाठी और भारतीय विदेश सेवा के अधिकारी अब काँग्रेस नेता मणिशंकर अय्यर ने कहा था—"शायद वे (आलोचक), मुँह में चाँदी की चम्मच के साथ पैदा हुए आदमी को सोने की चम्मच में बदलते देखना पसंद नहीं करते।"

• • • •

1989 में राजीव सत्ता से बाहर हो गए। यह सोनिया और बच्चों के लिए वरदान साबित हुआ। अब राजीव उन्हें अधिक समय देते। घर में फिर से हँसी-खुशी लौट आई। वे साथ-साथ खाना खाते, फिल्में देखते और संगीत सुनते। इन बातों ने पराजय की कसक को कम कर दिया था।

• • • •

पराजय के बाद राजीव ने सद्भावना यात्रा आरंभ की। वे पश्चिमी उत्तर प्रदेश से लखनऊ तक साधारण रेल डिब्बे में यात्रा पर निकले। बड़े जनसमूह

ने जगह-जगह उनका स्वागत किया। इस दौरान राजीव और सोनिया को साथ. साथ रहने का मौका मिला। दोनों राजनीतिक विषयों पर विचार विनिमय करते, सोनिया सलाह भी देतीं। राजीव उनकी याददाश्त की तारीफ करते थे।

• • • •

25 फरवरी 1991 को अपनी शादी की तेईसवीं वर्षगांठ पर राजीव-सोनिया ने तेहरान के एक रैस्टॉरेंट में रात्रि भोज किया। इस दौरान वे खाड़ी युद्ध की समाप्ति के लिए एक राजनयिक पहल के लिए वहाँ गए हुए थे।

20

राजीव गांधी ने कहा था

"सदन वह पटल है जहाँ पर महत्वपूर्ण वाद-विवाद चलते हैं और सरकार जनता के प्रति जवाबदेह होती है। यह ही वह स्थान है जहाँ पर सरकार अपने आपको सुरक्षित करती है और अपने दृष्टिकोण को स्पष्ट करती है। वाद-विवाद के दौरान किसी को भी बख्शा नहीं जाता है और इसकी उम्मीद की जाती है कि वह सदन के सम्मान व मान रखने के लिए जो वाद-विवाद की ताकत है उसकी सकारात्मकता को बनाए रखे।"

• • • •

"आइए, हम ऐसे भारत का निर्माण करें जो एकता के सूत्र में बँधे हुए; जाति, धर्म और क्षेत्रीयता की दीवारों से परे हो; गरीबी, सामाजिक एवं आर्थिक विषमता के बंधनों से उन्मुक्त हो।"

• • • •

"आत्मनिर्भरता दिल से ही शुरू होती है।"

• • • •

"हमें राष्ट्र को अगली सदी की चुनौतियों से निबटने के लिए, नित नई प्रौद्योगिकी की चुनौतियों पर खरा उतरने के लिए किस तरह तैयार करना है? विकास का अर्थ है अति आधुनिक प्रौद्योगिकियों को हमारे समाज में सबसे निचले स्तरों तक अपनाना।"

• • • •

"मैंने एक सपना देखा है महान् भारतवासियों का सपना, जो आत्मविश्वास के साथ, भविष्य की तरफ आगे बढ़ रहे हैं! मैं एक ऐसे भारत का सपना

देखता हूँ, जो अपने को हर क्षेत्र में उत्कृष्ट साबित करता है।"

• • • •

"किसी भी शिक्षा प्रणाली के सामने दो बुनियादी सवाल हैं—पहला, यह कि क्या यह धर्मनिरपेक्षता, लोकतंत्र तथा समाजवादी समाज जैसे मूल्यों का पोषण करती है जो भारत की पहचान हैं? दूसरा यह कि क्या यह हमारे लोगों में सत्य और अहिंसा का संचार करती है? क्या यह प्रत्येक महिला, बालिका, अनुसूचित जनजाति, अनुसूचित जाति तथा समाज के कमज़ोर वर्गों के हर सदस्य तक पहुँचती है?"

• • • •

"हमें ऊपर के स्तर से योजनाएँ बनाने की प्रक्रिया को बंद करना होगा। हमें वास्तविकताओं से बहुत दूर शीर्षस्थ स्तर पर सोची और तय की जाने वाली प्राथमिकताओं पर रोक लगानी होगी।"

• • • •

"लोकतांत्रिक व्यवस्था आर्थिक प्रगति के पितृसत्तावादी प्रतिरूपों को लेकर नहीं चल सकती। मुखर लोकतंत्र भागीदारिता की माँग करता है।"

———

21

अमेठी की हर साँस में रची-बसी हैं राजीव की यादें

समय-चक्र घूमता रहा। हफ्ते महीनों में और महीने वर्षों में समा गए। मगर यादे हैं कि मिटती ही नहीं। अमेठी वर्षों पहले भी राजीव गांधी की ही थी और आज भी उन्हीं के नाम से धड़कती है। अमेठी भले ही श्रीमती सोनिया गांधी का सम्मान और राहुल गांधी को प्यार करती हो, मगर उसका दिल आज भी सिर्फ राजीव गांधी के लिए ही धड़कता है। आज से लगभग 23 वर्ष पहले जब राजीव गांधी ने अपना पहला कदम अमेठी की भूमि पर रखा था, तो उसी दिन से उनका इस अति पिछड़े क्षेत्र से एक अटूट-सा बंधन हो गया; वह बंधन जो आज भी अटूट और अमिट है।

सन् 1981 में जब एक ताज़ा हवा का झोंका बनकर राजीव गांधी अमेठी पहुँचे थे तो उनके चेहरे पर न तो पेशेवर राजनेताओं की छाप थी और न ही उनके व्यवहार में देश के प्रथम परिवार का सदस्य होने का गर्व। एक अत्यंत सरल स्वभाव, मोहक मुस्कान लेकर वे अमेठी की धरती पर उतरे और सीधे ही अमेठी की जनता के दिलों में उतरते चले गए। उनके और अमेठीवासियों के बीच न तो कोई बिचौलिया था और न ही उनके नाम पर अपना रोब-दाब दिखाने वाला कोई दूसरा काँग्रेसी। राजीव गांधी और अमेठीवासियों के बीच अगर कुछ था, तो वह था—'आपस में सीधा-संवाद और एक-दूसरे के प्रति अटूट विश्वास।'

राजीव ने 1981 से 1984 तक अमेठी और अमेठीवासियों से एक ऐसी निकटता बनाई, जो आज तक अमेठीवासियों की यादों में जीवंत है। जब भी

वे अमेठी जाते तो अपनी गाड़ी स्वयं ही चलाते। अपने सुरक्षा कवच के रोक-टोक के बावजूद भी वे अनजाने रास्तों पर चल पड़ते और दूर–दराज के गाँवों में जाकर लोगों के साथ बैठकर गुड़–पानी पीते और उनका दु:ख.दर्द सुनते और उनके दु:ख.दर्द के समाधान के लिए हर संभव प्रयास भी करते। उनकी स्मरण शक्ति भी अद्‌भुत थी, जिसे एक बार देख लेते; उसे अगली बार तक याद रखते।

राजीव गांधी अमेठीवासियों का काफी सम्मान करते थे। जब अमेठी के इन्हौना क्षेत्र के प्रतिष्ठित व सम्मानित चौधरी अजहर हुसैन ने संजय विचार मंच का झंडा बुलंद किया था और सरकारी हथकंडे अपनाने के बावजूद काँग्रेस का साथ देने को तैयार नहीं थे, तब खुद राजीव गांधी बिना किसी पूर्व कार्यक्रम के चौधरी अजहर हुसैन के आवास पर पहुँच गए और उनसे कहा कि वे ये कहने आए हैं कि वे चुनाव में काँग्रेस का साथ दें। राजीव जी के इसी व्यवहार से चौधरी जीवनपर्यन्त काँग्रेस के साथ बने रहे।

अमेठीवासियों के जेहन में राजीव गांधी की इसी तरह की कई स्मृतियों की झलक देखने को मिलती है। अमेठीवासियों के दिलों में आज भी उनकी ऐसी कई यादें बैठी हुई हैं, जिनकी चर्चा करते वे नहीं थकते हैं। अमेठी का शायद ही ऐसा कोई व्यक्ति होगा, जिसे राजीव जैसा प्यार और सम्मान मिला हो। आज भी उनके जन्मदिन के अवसर पर उन्हें याद कर अमेठी की जनता भावुक व भावविह्वल हो जाती है। राजीव गांधी, उनके परिवार व अमेठीवासियों के बीच आज भी एक असीम प्यार और अटूट विश्वास का रिश्ता कायम है।

व्यक्तित्व विकास की श्रेष्ठ पुस्तकें